当代播音与主持语言创作创新研究

朱 莉 著

北京工业大学出版社

图书在版编目（CIP）数据

当代播音与主持语言创作创新研究 / 朱莉著. — 北京：北京工业大学出版社，2020.6（2021.10 重印）
ISBN 978-7-5639-7517-4

Ⅰ. ①当… Ⅱ. ①朱… Ⅲ. ①播音—语言艺术②主持人—语言艺术 Ⅳ. ①G222.2

中国版本图书馆 CIP 数据核字（2020）第 122643 号

当代播音与主持语言创作创新研究

DANGDAI BOYIN YU ZHUCHI YUYAN CHUANGZUO CHUANGXIN YANJIU

著　　者：朱　莉
责任编辑：邓梅菡
封面设计：点墨轩阁
出版发行：北京工业大学出版社
（北京市朝阳区平乐园 100 号　邮编：100124）
010-67391722（传真）　bgdcbs@sina.com
经销单位：全国各地新华书店
承印单位：三河市嵩川印刷有限公司
开　　本：710 毫米 ×1000 毫米　1/16
印　　张：10.75
字　　数：215 千字
版　　次：2020 年 6 月第 1 版
印　　次：2021 年 10 月第 2 次印刷
标准书号：ISBN 978-7-5639-7517-4
定　　价：54.00 元

前　言

目前现代信息技术快速发展，我国已经步入了信息化时代。信息技术对于社会各行各业都产生了深远影响，对广播电视行业也产生了非常深远的影响。在广播电视行业的生产过程中，播音主持是非常重要的一个环节，播音主持的发展也间接影响着广播电视行业的发展。

“语言是思想的直接体现”，播音主持语言是广播、电视等传播媒体中有声语言的重要组成部分，在多媒体传播过程中有其独特的魅力。播音主持工作是通过语言将各种信息传达给人们的，这要求播音员、主持人正确运用播音语言并对其进行创新，既要呈现简单自然的状态，又要在此基础上对语言表述加以规范。创新不仅是播音主持语言创作的源泉，更是播音主持事业蓬勃发展的原动力。每一位播音员、主持人都应该通过创新来提升自己的水平。

本书共分为七章。第一章是导论；第二章为播音与主持的语言特点；第三章是播音主持语言的文化功能；第四章为播音与主持创作的理论；第五章是播音与主持语言创作的内部技巧；第六章是播音与主持语言创作的外部技巧；第七章是播音与主持语言创作的创新路径。

由于时间仓促，加之笔者能力有限，书中难免存在不足之处，望广大读者批评指正。

目 录

第一章　导　论

第一节　认识播音与主持

播音与主持是广播电视节目的传播工作，既具有大众传播的性质，又有社会交流的功能。播音与主持中的有声语言是广播电视重要的信息形式，同时也还承载着大量的非语言信息，广播电视节目中的许多内容都需要进行语言艺术再创造与信息传播再整合。从概念上来理解，播音与主持既相互区别，又彼此交融。

一、播音的概念

《现代汉语词典》对播音这个词义的说明是，“广播电台播送节目”。还有一种更加宽泛的理解是，“指电台、电视台等传播媒介所进行的一切有声语言和副语言的信息传播活动（它包括各种声音、语言、文字、图像等的传播）”。这样的概念显然不是在说明某类专业的特点。事实上，我们通常是在“播出声音”这个动词的词性意义上来理解它的真实含义的。但是广播电视中播出的声音包含三类要素：有声语言、音乐、音响。因此，我们只是借用了它的狭义作为特定概念，即“播音员和节目主持人运用有声语言和副语言，通过广播、电视传媒所进行的传播信息的创造性的活动”。这个概念大致说明了播音员和主持人所从事的专业工作的性质，并排除了广播电视中的另外两个声首要素——音乐和音响。也就是说，音响和音乐不属于“播音学”的研究范畴。

（一）播音的内涵——广播电视有声语言的传播

播音是运用有声语言进行艺术创作的活动。它不仅依据稿件来进行有声语言的再创造，还包括“无稿播音”的各种话语艺术。从口头语体来分类，可以分出朗读语体、演讲语体和谈话语体等。有声语言存在三个基本要素——语音、词汇和语法。对这些要素进行不同程度的艺术加工，使之语音清晰规范，用词形象生动，表达明白晓畅等，就是所谓的有声语言艺术。

1. 语音清晰规范

播音语言是一种媒体语言，媒体是面向大众的。大众传媒本身就要求信息有较高的清晰度、可懂度和可感度，同时由于它对社会的影响广泛，因此大众传媒必须承担相应的社会责任。推广规范的全民族共同语——普通话，就是其中的一项重要社会责任。实现广播语言文字的规范化、标准化，是普及文化教育、发展科学技术、提高工作效率的一项基础工作，对社会主义物质文明建设和精神文明建设具有重要意义。广播电视工作者应该积极地贯彻推广普通话的方针政策，成为语言文字规范化的宣传者和实践者。在人们的心目中，广播电台、电视台的播音员、主持人的语言就是标准语言，许多模棱两可的读音，在实践中往往以他们的语言为标准。所以，目前国家对播音员、主持人的普通话水平要求较高，这一方面是为了向社会示范；另一方面也是为了达到最广泛、最生动的传播效果。要满足这些要求，播音员、主持人就必须不断锤炼自己的有声语言，使自己的播音语言准确、清晰、圆润和富于变化。

准确是指吐字发音要合乎规范，发音部位和发音方法要准确无误。在语流中，尽管存在音变、语调变化等，但都必须遵循普通话的规范，在语音准确的基础上，提高语言的表现能力。例如，对声母中发音部位相同的 n 和 l，要把握住它们之间不同的发音方法；而对发音方法相同的 z、c、s 和 zh、ch、sh，则要把握住它们之间不同的发音部位等。播音吐字的准确度要求很高，它的规范性要求也更为严格。

清晰是与含混相对应的。它不是指声音的大小，而是指字音的纯净度。例如，有些播音中有一种“音包字”的现象，就是指一味追求声音的响度，却忽视吐字的清晰，“音包字”往往会影响语义的表达，给人只留下声音大的印象；反之，孱弱的声音也不利于语义的清晰表达。可以说，播音对吐字归音清晰度的要求要高于对嗓音的响亮度的要求。

圆润是播音吐字的第三项基本要求。如果说吐字归音的准确、清晰指的是“字正”，那么圆润则就是指悦耳动听的“腔圆”了。人们常常把吐字的圆润比喻为“珠落玉盘”，但是，这里的“珠落玉盘”和其在曲艺说唱中的含义并不一样，曲艺说唱是用抑扬顿挫的曲调来表现艺术效果，而播音则需要通过嗓音来反映汉语音节本身的音乐性，从而达到圆润的效果。

富于变化是吐字归音在表情达意方面的最终要求。规范的对立面是变异，语言的变异使语言偏离规范，而过于严苛的规范又会导致语言的僵化。语言就是在这种对立统一的过程中不断丰富和发展的。语言来源于社会生活，反映着生活现象，播音要表现丰富多彩的社会生活，就不可能拘泥于固定的模式，这就决定我们的语言是活泼、生动，富于表现力的。著名作家萧伯纳就曾说："有五十种说'是'的方法，就会有五十种说'不是'的方法。"因此，在播音实践中既要强调语言的规范化，同时又要提倡语言的生活化、大众化。

2. 用词形象生动

有稿件的播音可以不用考虑选词用句的问题，但是没有稿件的播音就必须要考虑，而且要出口成章。如果没有良好的语言修养是难以"成章"的，即便"成章"也可能会佶屈聱牙，晦涩难懂，不能称为"华章"。特别是主持人大多是在交流状态下使用有声语言的，更应该注意这方面的语言修养，选词用句要准确、适度、得体、规范。既要尊重历史词语发展的一般规律，又要考虑约定俗成的社会习惯，恰当吸收并引用一些新的词汇。选词用句必须遵循以下三项原则。

（1）普遍性原则

广泛使用、普遍知晓是现代汉语采用新词汇，并加以规范的重要条件。因为普通话词汇以北方话为基础，所以使用时首先就要考虑这些词汇在北方方言中是否普遍使用。例如，"马铃薯"有多种词汇概念，即"土豆儿、洋芋、洋山芋、洋芋头、山药、山药蛋"等，在北方更多的地方称它为"土豆儿"，我们就可以认定它是规范词汇。北京土话里的一些俚俗方言，如"傻帽儿""耗子""旮旯儿"等就不宜采用。

有的古汉语词汇过去带有文言色彩，但沿用至今，已经家喻户晓，也可以通行。如"诞辰""百姓""拂晓""琢磨""推敲"等。

同一概念有多种语词形式，没有重复的必要，就可以选择一种来加以规范。选择的标准就是看哪一种使用的频率最高、使用得最普遍。如"洋灰、水门汀、水泥"中，取"水泥"；"巧克力、朱古力、巧格力"中取"巧克力"等。另外，缩略语也要服从约定俗成的使用习惯，如"中国人民政治协商会议"简称"政协"，但是把"杂技艺术家协会"称为"杂协"显然不合适，得不到大家的认同。再如，大家已经习惯把"彩色电视机"叫"彩电"，"筹集资金"叫"集资"，"挖掘潜力"叫"挖潜"等，使用这些词汇不会引起歧义，所以一直沿用至今。

（2）必要性原则

无论是古汉语、方言词，还是外来语的引用，都要考虑是否有补充普通话词汇的必要。如果普通话词汇中已经有了相应的、确切的表达词汇，就没有必要另外引用其他词汇。如上海话中的“白相”（玩）、“辰光”（时间）、“马路”（公路）等，普通话里已经有了明确的表达词汇，就没有引用它们的必要了。

引入外来词汇也必须遵循这个原则，“饼干”没有必要叫“曲奇”，“激光”没有必要称“莱塞”，“话筒”不应该再叫“麦克风”等。由于社会新事物不断涌现，有时很难用相应的词汇来表达准确的含义，于是出现了一些新词和借用词。如“反思”“强势”“打造”等。至于“三明治”“汉堡包”“热狗”等音译词都是特指国外的某种食品，所以也就沿用下来了。

（3）意义明确原则

普通话里所普遍使用的古汉语，都是已为大家所熟知、所了解的，意义很明确；反之，一些含义不明、晦涩难懂的古语词，如“鼎辅”“葳蕤”“蹭蹬”“夭夭”等，没有普遍应用，因此也没有采用价值。

普通话所采用的方言词汇，也要求是意义明确、普遍知晓的。如采用“香肠”而不用方言的“烟肠”“酿肠”，采用“西红柿”而不用“臭柿仔”“番茄”，采用“钞票”而不用“铜钿”“纸字”“银纸”“票子”等。

汉语吸收外来词的历史远在张骞出使西域的时代就开始了。例如，从波斯语（伊朗）中吸收进“葡萄”“琵琶”“石榴”“狮子”等，从梵语（印度）中吸收进“玛瑙”“玻璃”“罗汉”“刹那”等。汉语还吸收了许多少数民族地区的语汇，如藏族的“哈达热巴”“酥油”，维吾尔族的“热瓦市”“冬不拉”，朝鲜族的“金达莱”“伽耶琴”，满族的“福晋”“萨其玛”等。现在习惯使用的“胡同”“站”等语词也都起源于蒙古族。汉语对外来语的吸收，原来是借词，后来开始另造新词，主要还是为了明确地表达词意。有的在音译的过程中，有不同的注音方法，应以国家语委确定的统一标准来施行。

3. 表达明白晓畅

如前所述，播音表达就是指广播电视节目内容的播报方式。从口语表达的角度分析，播音表达可以分为转述式播报、陈述式报道、阐述式评论、叙述式交流、描述式解说等。这些口语表述方式在广播电视传播实践中都客观存在，也都具有各自的特点和应用范围。

（1）转述式播报

适合代表组织、团体或权威人士发表言论，也适合对文学艺术作品的朗读。

它曾经是广播电视中的一种主要的语言表达形式，是在“三级审稿播出管理体制”以及“录播机制”下派生出的一种制播手段。它依托的是一种朗读语言或者说是“有稿播音”方法，它也是当前播音学的主要研究对象。只要广播电视还需要发挥“转述”作用，这种语言形式就会长期存在，仍然具有较高的应用价值。如政府文告、新闻公报、评论文章、文传电讯等，都需要用转述式播报，这样才能够做到准确、鲜明、生动，随意地加词改句都是不严肃、不恰当的。

再如播送一些经典的文学作品（小说、散文、诗歌等），就只能用朗读转述的方法来表达，而不能用其他的方法。因为这种语言表达准确、清晰、生动、形象，所以一直沿用至今。1906 年的圣诞节前夕，当加拿大裔工程师费森登在人类广播史上，首次播出广播节目时，人们听到的就是费森登朗读《路加福音》的声音。在我国，这种语言传播形式已经发展成一门学科——播音学。可以说，正是这种广播朗读方法发展并完善了中国播音学。

（2）陈述式报道

时效性强是广播电视新闻的独特优势，有时它的报道甚至可以与新闻事件同时、同步发生。这种时效的发挥主要依赖记者在新闻现场做目击式口头新闻报道。但是，能否真实、客观地报道新闻事件，迅捷、准确地揭示新闻价值，取决于记者的口头语言表达能力。

譬如，记者在奥运会比赛现场，边看边说，边走边播，具有极强的现场感。他所陈述的赛场实况，生动活泼地反映了运动员在奥运会赛场为国争光、奋力拼搏的激动人心的场面，使听众在有限的时间里，身临其境般地领略奥运会赛场的气氛。

（3）阐述式评论

它通常是主持人在广播电视中，就某些社会事件或新闻事实即兴发表的观点性评论。这是主持人以新闻评论员身份出现时，普遍采用的话语方式。中央电视台《焦点访谈》节目就是此类型的典型。主持人的评论源于事实，并高于事实。有时说出了目击观众难以表达出来的感想可谓言其心声；有时说出了观众没有意识到的内容，使观众有种茅塞顿开的感觉。

（4）叙述式交流

这主要是指在广播电视节目中以谈话形式出现的话语方式。中央电视台《实话实说》节目在全国曾有很大的影响，创办者之一孙玉胜认为：“纪实和谈话是当代电视的两个最重要的元素，新节目的创造和现有节目的提高都离不开这两大基本元素的开发和组合。因为只有纪实和谈话才能使电视接近真实，而接近真实就是接近观众的心理和电视传播的本质。谈话不是一个新概念，但是谈话节目对于不少电视从业者来说是一个新鲜事物。”

广播电台中的夜话节目、谈话节目都很受听众的欢迎，这与主持人的叙述能力密不可分。这种叙事能力并非都是先天因素，主要还是后天养成的。因为叙述方法是有一定规律的，按照一定的规律来培养和提高自己的语言能力，就能够变得机敏而健谈。

（5）描述式解说

在广播中一些大型活动的直播，需要现场解说，以弥补受众只能听不能看的遗憾。如球赛解说、演出实况解说等。电视中大量的画外音也属于这种解说性质，因为它是对视觉信息的补充性说明和描摹，以加深受众的感性认识。

广播中的电影解说、戏剧演出解说，也都具有描述性特点，这样的解说需要使用描述性的语言来表达。

（二）播音的外延——语境制约下各类播音语体的传播

陈望道先生曾提出：“修辞以适应题旨情景为第一要义，不应仅仅是语辞的修饰，更不应是离开情意的修饰。”原意是指运用书面语言，要考虑环境因素的影响。我们称它为“语言环境”，简称语境。口头语言同样也会受到语境的制约，我们把经过艺术加工的有声语言，称为“有声艺术语言”，凡是在广播电视中运用话筒进行再创造的有声语言，都属于有声艺术语言。但是，不同的语境对语体的选择和语式的运用都有不同的要求，广播电视中各类节目的不同语境就是制约播音语言的特定条件。正如斯堪内尔所说：“关键的事实是，虽然广播人控制着话语，但是他们不能控制交流的环境。”“这股强大的动力驱使广播的风格和方式靠近普通的、非正式的谈话，而不是接近公开场合讲演的风格。”

播音就是一种口头语言形式，从语言材料的运用角度分析，可分为“有稿播音”和“无稿播音”；从应用语言学的角度分析，在现存的播音方式中至少涵盖三种口头语体形式：播读（朗读）、阐说（演讲）和谈话。而播读语体又可分为新闻、文学和诗歌等；阐说语体又可分为报道、评述、解说等，谈话语体又可分为访谈、交谈和侃谈等。

张颂先生在《广播电视语言艺术》一书中曾说：“广播电视播音主持语体研究是一个综合性、实践性很强的研究方向。它的任务是，系统研究各类广播电视节目播音主持的语体特征以及与之相适应的教学训练体系；分析不同言语形式与心理机制、生理机制的关系，研究创作心态差异和肌体反应差异对语言表达模式的影响。它以辩证唯物主义为指导思想，以调查研究、个案研究、系统研究、比较研究为主要研究方法。该方向将立足于总结我国广播电视播音与主持的丰富实践经验，吸收相关学科的理论研究成果，构建中国广播电视主持语体的理论体系。”需要说明的一点是，任何一种语体现象都不会孤立存在，各类语体间必然会存在互相渗透、相互交叉的情况。特别是广播电视的语境可塑性较强，这就出现了适应性语体的多种变化。

1. 播读语体

在一些转述播报类节目中，传播是单向的，没有直接交流的对象，也不需要接受反馈。播音员依据文字稿件进行语言艺术再创造。这样的播报方式是朗读式的，运用的就是播读语体。如新闻播报、文学作品播读等。在不增减文字稿件内容，不允许“播错一个字”的要求下，来完成“理解稿件—具体感受—形之于声—及于受众”的艺术创作，并不是件轻松的事情。播音艺术家夏青就做到了，他播送的新闻、评论、文稿，吐字清晰，浑厚稳重，态度鲜明，感情酣畅，逻辑严谨，跌宕起伏，义正词严，气势磅礴，回荡在中国的天空，深入千家万户，至今袅绕耳际。听他朗诵和讲解古典诗词，不仅能增长知识，提高素养，还是一种美的享受。张颂先生对夏青的评价更为精当，认为“夏青的语言艺术，字字珠玑，真是言不尽意；夏青的播音创作，博大精深，的确书不尽言”。这就是播读语体运用的典范。

2. 阐说语体

阐说语体是以有声语言为主要手段，以体态语言为辅助方式，针对某个具体问题，鲜明、完整地发表自己的见解和主张，阐明事理或抒发情感，进行评述性报道的一种语言艺术。常用于广播电视的现场报道、现场解说、新闻点评或重大题材的现场转播中。中央电视台的白岩松就是擅长这类报道的新闻节目主持人。他对重大新闻的报道言约旨远，语妙绝伦。白岩松在回忆“香港回归”的报道时说：“十多分钟一闪就过去了，我当时并不知道水均益找我以及有的画面没切到。我只知道，要尽心完成我的职责。当驻港部队的车轮驶过管理线，我和所有关注这一时刻的中国人同样激动。我在结束语中说，‘驻港部队的一小步是中华民族的一大步’。这起源于当初美国宇航员阿姆斯特朗登月时的一句话，‘我的一小步是人类的一大步’。虽有模仿之嫌，但我一直觉得，经过百年风雨，在部队入港的一瞬间，中华民族如释重负，这句话是合适的。”由此可见，阐说语体就是要在瞬息万变的新闻事件中迅速做出反应，准确地点评，生动地阐发。

3. 谈话语体

谈话节目是通过广播电视媒介再现或还原日常谈话状态的一种节目形态。谈话节目，即主持人、嘉宾（有时还有现场观众）在演播现场围绕话题或个案展开双向、平等的交流。著名谈话节目主持人杨澜有一本采访签名簿，马来西亚前总理马哈蒂尔在上面写道："你的英语水平让我惊讶，看到你，我就明白了，中国为何会取得今天的成就。"那些政要、名流都非常匆忙，往往是杨澜的文化魅力让他们留步。采访澳大利亚总理霍华德，讲好绝对不可以超过三十分钟，结果霍华德总理和杨澜交流的兴致很浓，过了四十分钟才在澳方工作人员的催促下结束访问。日本指挥家小泽征尔接受访问前对杨澜说有一个重要的国际电话要打，但访问进行到三十分钟时，杨澜提醒，别忘打电话，兴头上的小泽却说："不管它了。"杨澜后来回忆道："这个时候我才知道，主持人身份仅是一个符号，是我汲取文化养分和传播文化的重要途径，社会需要的是可以支撑起生命重任的文化。""眼界开创未来，做人物访谈，对我个人来说，最大的收获是眼界开阔了。"

根据上述分析，播音的基本概念可以表述为，播音是在广播电视等大众传媒节目语境下所进行的有声语言艺术创作活动。

至于原"播音"概念中涵盖的另一个因素——副语言，《中国语言学大辞典》中做了这样的解释：副语言的"狭义指有声现象。如说话时气喘，嗓子沙哑或者尖溜溜的，整句话带鼻音，某个字音拉得很长等。这些是伴随话语而发生的，有某种意义，但是那意义并非来自词汇、语法或一般语音规则"。美国语言学家乔治·特拉格教授是最早提出"副语言"概念的学者，但他认为："副语言现象不属于语言，不能归入音位系统。"由于这个问题还存在许多不确定性，所以我们在这里不加以讨论，暂且把它放在传播学的非语言现象中认识。

二、主持的概念

"主持"是人们在探求广播电视传播规律的过程中，寻找到的一种比较符合广播电视特点的传播形式。如果只是用"有声语言创作活动"来说明主持行为显然是不够的，因为"主持"行为使用了包括语言和非语言在内的各种有效传播方式。它不只是节目播出的最后一环，而且需要协调和控制整个传播过程，营造某种传播氛围。我们可以把播音看作一种语言艺术，而主持则主要是一种交流行为，需要在传播过程中加以考察。

（一）主持的内涵——广播电视的交流性传播

应该如何理解“主持”的概念呢？对这个概念的理解来源于主持人，这是借用的外来语。但是即便是外来语，词义也在不断地变化。如在美国，播音员和主持人并没有明确的分工与不同。美国人认为：“我们使用播音员这个术语，因为其保持着一般的使用习惯且仍然适用于广播行业工作的描述。但这一过时的术语最终将被取代。一个现代的演播者不再简单地播音。他或者她娱乐他人，与他人交谈，报道新闻，并且提供情感的共鸣，但是很少用旧时期播音员那样的古板程式化的方式来陈述一个节目内容。”

从上面的分析中可以看出，“播音员”和“主持人”的身份区别并不是问题的关键，他们的工作方式和行为特征才是需要揭示的基本内涵，《中国播音学》中曾对当时我国传统播音与主持人节目播音的现状做过如下分析，如表 1–1 所示。

表 1–1 传统播音与主持人节目播音的比较

	传统播音	主持人节目播音
创作起点	一篇稿件	一次节目
创作依据	文字稿件	文字稿件、提纲、资料、腹稿
内容提供	由编辑提供成型的稿件	由创作集体提供成型的稿件或自编
播音方式	以播读为主的录播方式	以交谈为主的直播方式
创作位置	第三人称的客观述评	第一人称的主导地位

虽然上述表格并没有列出“播音与主持”所有行为特征的可比项，但仍可以看出传统播音和主持人节日播音的重要区别仍然是“播读”与“交谈”的不同。如果说“播读”“录播”是“单向传播”模式，那么“交谈”“直播”显然就是“双向交流”模式了。因此，“交流传播”应该是“主持”的基本内涵。

“主持”是从节目形态的变化中产生的传播行为，这种节目形态的显著特点就是双向交流。这就是它与传统节目“单向广播”模式的本质区别。传播学的一个重要原则是，“信息是共享的。”有效传播是一个双向的过程，只有不断地调整“传”与“受”之间的关系，才有可能达到共享的目的。在大众传播的过程中创造出“交流情境”，几乎是所有主持人节目努力的方向。从这样的认识角度可以得到许多合理的解释，譬如，主持人所谓的“人格化”“个性化”是由于真情交流的需要，面对不真实的人不可能展开积极的交流；交流的情境是双向的，交谈又总是在平等的“主客关系”中进行的；日常生活中的人际交流和团体互动一般都会有一个主持者，把这种交流形式引入广播电视，就必须有“主持人”，如此等。

从主持人节目的传播过程中，我们可以看到，主持人所发挥的作用恰似这样的现代传播者。一方面他作为“主人”需要提供大量的信息，同时他还需要整合各类信息，以便大家能够共同分享。由于他被放在了社会交流的过程中，所以他不可能再“照本宣科”式地转述稿件内容。1981 年 5 月 14 日，美国电视新闻主持人克朗凯特访华期间曾应邀参加座谈，在介绍他的工作经历和经验时说：“自从我开始从事这项工作以来（指从 1952 年以来，他主持了美国两大政党的历届代表大会），我就开始研究美国的政治历史。这已经成了我的习惯。我每年都要重新编写几百页的有关资料。因为这是帮助我记忆的最好的方法。我把它称作案头书。这是一本活页厚书，有些页数的纸张，由于年长月久，已经变黄了。我极少翻阅它。除非偶尔查阅过去的一些日期。因为在编纂这部‘作业’时，有关资料就在头脑里扎下了根，届时无须查阅，所需要的资料就会涌现在脑海里。”

（二）主持的外延——各类广播电视节目的交流性传播

“主持”的外延主要是指主持不同节目内容的传播。譬如，新闻类节目主持、综艺类节目主持、谈话类节目主持等。因为主持人是相对固定在特定的节目中的，所以要与节目共同形成鲜明的个性。这与传统意义上的播音员很不相同，播音员并不要求固定在某个栏目中，甚至可以实行轮班式播音。

主持人节目内容的专业性特点，要求主持人具有较为深广的与节目内容相关的专业知识。主持人的知识储备和积累是个长期的过程，并不是只通过狭义的备稿就可以完成的。在直接面对受众进行交流时，主持人必须持之有故，言之成理。

1. 新闻类节目主持

主持这类节目要求主持人具有较高的新闻素养、较强的新闻敏感，能够准确把握新闻价值，迅速形成报道角度。所以新闻节目主持人往往是大众传媒的“旗帜”，具有无可替代的权威性。由于责任重大，他们主要由资深记者、新闻评论员来承担。譬如，克朗凯特在《记者生涯》中回忆说：“在我担任哥伦比亚广播公司电视节目主持人的绝大部分时间里，我还每天做个五分钟的评论……弗兰德利当上公司新闻主席后，他建议我在每晚的《晚间新闻》节目结尾时也做个相似的评论。”事实上，首创“新闻节目主持人”这个语词概念的初衷，就是要选择一个在新闻报道的“接力赛”中能够发挥引导作用的新闻传播者。

2. 综艺类节目主持

综艺类节目主要是以文艺内容为主的节目形式，具有明显的艺术特征，主持人需要具备一定的艺术素质。昔日中央电视台《综艺大观》主持人倪萍在谈自己的工作体会时说：“我的舞台素质好，受过严格的训练。山东艺术学院的学习和山东话剧院的培养让我有了很到位的舞台感觉，那时的严格训练对我一生的为人、艺术创作都有好处。若没有那一段时间的训练，就没有今天的我。”综艺类节目主持人在英文中常用“showman”来与其他类型的主持人加以区别。

3. 谈话类节目主持

这类节目方兴未艾，内容也涉及方方面面。根据美国学者斯克特的分析，“在既包括信息性节目又包括表演性节目的众多谈话节目中，可以归纳出四大类型：新闻信息节目，杂耍喜剧访谈节目，人际关系、自助、心理和日常生活节目以及为特殊观众服务的特别谈话节目”。如中央电视台的《对话》《艺术人生》等。颇负盛名的美国谈话节目主持人拉里·金曾经主持的《拉里·金现场》就属于新闻信息类的谈话节目。这类主持人具有的共同特点是善解人意、妙语连珠。

4. 专题类节目主持

这类节目几乎包罗万象，根据节目的特定宗旨来设置相应的节目主持人。如体育节目主持人、气象节目主持人、读书节目主持人、金融节目主持人、法律节目主持人等。这类主持人通常都是由有相关专业背景的人员来担任的。专家型主持人对栏目内容的阐述十分透彻，深受大家的欢迎。

5. 服务类节目主持

这类节目都有明确的服务对象，指向明确。主持人和受众关系融洽，仿佛朋友一般，如“鞠萍姐姐”“董浩叔叔”就已经深入“童心”；曾经的电视节目《半边天》让主持人张越一度成为妇女的代言人……作为服务类节目主持人，必须要了解节目的服务对象，这样才能实现自身的价值。

三、播音与主持的关系

虽然播音与主持的概念不同，但是它们存在许多共同点。譬如，主持人在话筒前说话，那就是“播音”。因此可以认为，播音有更为宽泛的含义，它不仅仅是有稿件依据的播音，还应该包括脱口而出的述评、谈话等语言现象。事实上，它是广播电视中多种口头语体的表达方式。不仅播音员、主持人需要掌握话筒前的语言技能，广播电视记者在现场报道时也需要具备这种语言能力。之所以说“主持”是节目的传播艺术，是因为主持除了需要运用语言传播以外，还需要把握更多的非语言传播技巧。因此“播音”不能涵盖有声语言以外的传播行为，而“主持”也不可能取代语言再创造的“播音”艺术。

从传播过程来分析，“主持”需要借助播音的语言表达手段，“播音”也需要补充主持的非语言传播方式。“主持”是目前公认的比较理想的一种传播方式，它不仅运用语言手段，还运用了许多非语言手段，传播的信息量大，信息共享程度比较高。但不能因此武断地认为“主持人节目”是如今和今后广播电视唯一的节目形式。如果那样认识问题，广播电视也就无法发展了，节目就太单调了。一些概念是在发展中形成的，昨天被称为“播音员”，今天成了“主持人”，说不定明天又成了“网络秀”……但也许他们都可以称为媒介传播者。现代传媒需要的传播者是多种多样的，不能以一种模式来强行规范。只要我们发扬科学的精神和求实的态度，“主持艺术”必将成为学无止境的艺术宝库。

在广播电视中，播音和主持是既相互区别、又相互联系的传播活动。但无论是“播音”还是“主持”，都是一种传播行为，追求传播致效是它们共同的目标。这些传播行为总是在一定的语言环境条件下进行的，不同的节目语言环境有不同的表达方式，目的是达到最佳的传播效果。

第二节　播音与主持语言创作的要求

一、播音主持语言创作的特征

播音主持语言表达的艺术性和创造性在于，它能够用有声语言表达出丰富的节目内涵，甚至表达出稿件作者、节目编排者意料之外的内涵，使稿件、节目增色，使听众观众获得一种独特的审美愉悦和感受。用一句形象的话来概括播音有声语言创作的特征就是，“戴着镣铐跳舞”。既要跳得多姿多彩、富于美感，又不能脱离“镣铐”的制约，这“镣铐”就是指稿件和节目的编排意图和针对性。因此，播音员、主持人应该努力在这种制约性和规定性中去寻求创造力。那种认为稿件和节目制约了播音员、主持人创造性的发挥，试图在稿件和节目编排意图之外进行表现的观点和做法是错误的。离开了稿件和节目的编排意图，追求随心所欲的其他意图，实际上已偏离了正确的播音创作道路。语言的艺术性、规范性和创造性要求播音员、主持人善于用有声语言来表达稿件的深刻内涵，为稿件、节目增色，但语言的表达和创造不能脱离稿件和节目的制约与规定。

在语言创作中，播音员、主持人要站在无产阶级和党性的正确立场上，以新闻工作者特有的敏感，把握国内外形势的发展变化和人民群众的思想实际情况，准确、及时、高效率地完成稿件，以积极自如的话筒前状态，进行有声语言的创作，达到思想感情与语言尽可能地完美统一，达到体裁风格与声音形式的统一，准确、鲜明、生动地传达出稿件的精神实质，发挥广播电视教育和鼓舞广大受众的作用。这才是正确的播音创作道路。坚持正确的播音创作道路，就是要最充分地体现播音创作特征，坚持正确的播音创作原则。而要坚持正确的播音创作道路和播音创作原则，就必须要避免不正确的广播创作意识的干扰。比如不重视平时的学习积累和新闻素质的提高，创作时就稿论稿；不重视深入地分析与理解稿件，单纯追求语言技巧；或者只专注于分析、理解，却忽视了完善感情；轻语言技巧、无视播音特点等。这些都会妨碍对正确的播音创作道路的坚持。那么，播音主持语言创作的特征是什么呢？

（一）媒介的声音性

这是播音主持语言创作的第一个特征。播音员、主持人的有声语言，是广播电视节目传播的重要媒介，所以，声音性是播音主持语言创作最为重要的特征之一。有声语言的传播与文字的传播相比，既有不可避免的局限性，又有不可忽视的优势。其局限性在于，有声语言以时为序，不像报纸文字借诸视觉，阅读中可以停下来思考。有声语言的长处则是诉诸听觉，播音的变化可以使人物形象更加生动，能够加深受众的印象。与其他有声语言艺术相比，播音有声语言有如下特点。

1. 播音有声语言是规范性的语言

话剧、曲艺、朗诵等有声语言艺术，它们出于节奏的需要，有时允许出现歧义，使用普通话播音却不行，播音有声语言在播音上必须具有普通话的规范性。具体地说，就是既在语音的声调停顿、语流音变等方面使用规范的普通话语音，又要在语言表达方面规范语言等。播音员、主持人不仅播音时要说标准的普通话，在生活中也应养成说标准的普通话的习惯。有的播音员、主持人在播音时说普通话，在生活中却说方言，往往影响了播音时普通话的标准程度，值得引起注意。

2. 播音有声语言是具有真实性的语言

播音员、主持人用有声语言反映的是大世界的本来面目，这种反映应该是真实、亲切、质朴的，而不应是虚假、含混、夸张的。这与其他有声语言艺术也不相同。播音员、主持人的语言要有可信度，并不是随便说说而已。这就要庄重，当然庄重并不意味着板起面孔，也不意味着非要正襟危坐、一板一眼、端起架子，庄重的含义是真诚、恳切、实在和中肯。

3. 播音有声语言是具有督促性的语言

广播电视具有较强的说服、教育、鼓舞和引导功能，如果忽视监督性，播音语言就会变得平淡。督促性是建立在真挚、亲切的思想感情的基础上的，同时又与明确的目的和具体的针对性紧密相连。它要求播音员、主持人对所播的内容要有真切的感受和感情上的共鸣。它以催人向上为核心，要让人辨是非、明爱憎。

4. 播音有声语言是具有时代性的语言

播音语言作为包含新闻敏感的有声语言，它的时代感的特点是相当明显的。时代感是指一定的时代精神和时代气氛。不同时代的播音要具有不同的时代感，在深化改革的今天，豪放、进取已成为重要的时代精神和时代内涵，表现在播音语言上，就是洒脱的语气和紧凑的节奏。

5. 播音有声语言是具有尺度性的语言

尺度，按照《现代汉语词典》的解释，是指说话做事的适当限度。任何语言艺术都讲究不温不火，即既要防止不足，又要防止过分。播音语言的分寸感不像戏剧语言艺术以角色的性格特征和变化为依据，也不像曲艺语言艺术那样以包袱、笑料、关子的出现时机和表现方式为准绳，而是以对党和政府的方针、政策的准确把握和对现实生活的清醒认识为标准的。

6. 播音有声语言是具有平等性的语言

播音的平等性极为重要，其最基本的社会效果就是使人愿意接受。如果不管播什么内容播音员、主持人都高高在上、板着面孔不苟言笑、正襟危坐，显然受众是不会喜欢的。然而一味地讨好受众，一味地追求拉近与受众的距离，并把这种距离的拉近理解为声音的亲软甜媚，造成某种压抑感、媚俗感，是不可取的；或者一味地追求刺激，对着千百万的受众进行强制性的说教，也是万万不可取的。因此，平等性的播音，具体地说，就是言之有物与心中有人的结合。在语言表达中，具体体现为对节目稿件的准确理解。对稿件理解得越深，感受越深，听众的视像感就越具体，越能进一步增加彼此的信任。

（二）内容的真实性

这是播音主持语言创作的第二个特征。在广播电视中，由播音员、主持人的有声语言表达的内容，从整体上看具有真实性的特征。这与话剧、评书、朗诵等有声语言艺术有着本质的不同。上述语言艺术所表现的内容是艺术性的，此类文艺性作品反映的生活真实是艺术性的真实，它是艺术家用典型化、夸张化的语言形式对生活进行的艺术性表示，而播音所要表达的内容多是新闻性的，是社会中的真人真事，没有任何的夸张和修饰。播音员、主持人除了播新闻性节目外，也播科学性节目，这些内容更是科学的、真实的。因此，从表达内容上来看，播音语言艺术所要表现的内容是真人真事，是社会上的新闻人物和新近发生的事件。有的播音员也朗诵小说、演广播剧，但这一般是在播音任务以外的录制，属于文艺演播的范畴。那么，播音员在播送新闻性节目时，该如何坚持和体现新闻真实性与艺术性这一创作特征呢？主要应做到以下三点。

1. 稿件的文字内容不播错

对于新闻稿件中的人名、地名、事件专有名词等，做到不播错。同时，播音员、主持人应该勤查字典，做到播音准确，防止读错。因为，任何口误和错播都可能造成事实性差错，如将张三说成李四，将生产100万吨说成1000万吨，就造成了直接的失实。

2. 准确运用表达技巧

同样的一句话，用不同的态度，不同的感情色彩和不同的重音、停连等说出来，其表达的意思是不一样的。比如这样一句话："我们一定要在调查的基础上有计划地逐步解决残疾人的教育、就业、康复等问题。"用两种不同的强调方式播出来，大家会有不同的感受。

第一种：我们一定要在调查的基础上有计划地逐步解决残疾人的就业教育和康复等问题。分析：如果强调逐步，就会给人以别着急慢慢来的感受。

第二种：我们一定要在调查的基础上有计划地逐步解决残疾人的就业教育和康复等问题。分析：如果强调就业、教育和康复等问题，就会给人以坚决帮助残疾人解决实际问题的感受。

又比如语言技巧中停顿和连接的运用。如果停顿和连接的内容不同，那么所表达的语义也不同。如这样的一句话："果果对佳佳不好。"它可以有两种不同的停连方式，表示两种完全不同的意思。

第一种：果果对佳佳不好。分析：强调佳佳并在其前面停顿，表明别人对佳佳不好。

第二种：果果对佳佳不好。分析：强调果果并在其后面停顿，表明果果对别人不好。

可以看出，表达技巧运用不同，所体现出的语句意思完全不同。因此，主持人、播音员唯有做到准确无误地运用表达技巧，才不会造成歧义，曲解事实。

3. 正确反映事物的本质和整体联系

从事物变化、发展的角度来看，任何新闻事件都是对事物的某一个侧面、某一个层面或某一个局部的反映。新闻事实自身不仅有一个发生、发展、变化的过程，同时又与周围的其他事物存在着广泛的联系。新闻类稿件的播音准确，要求在做到文字内容不播错和表达技巧准确运用的同时，还要做到正确反映事物的本质和整体联系，这才是完整意义上的真实和准确。

（三）手段的单一性和交流的间接性

这是播音主持语言创作的第三个特征。从创作手段和表现方式看，话剧演员的创作主要靠台词和形体动作，此外还有服装、灯光、布景、道具、音乐等方面的多种辅助手段。评书、相声演员的创作，除了有声语言以外，也还有面部表情、眼神等其他神态、动作进行辅助。而播音员只有有声语言，即使电视播音员有面部表情和眼神等的介入，也是有限的，有声语言仍是其主要的表达手段。从创作环境和交流状态来看，其他语言艺术大都在舞台上进行，面对观众直接交流，可以随时得到反馈，以调整自己的表达形式。而播音员、主持人的播音行为一般是在相对封闭的播音室进行，不直接面对受众。播音员为了获得生动的表达效果，只能面对话筒或摄像机与想象中的受众进行交流。这种交流具有间接的性质。有时，播音员、主持人在直播现场进行现场直播，这时虽然是直接交流，而对场外的受众而言，仍然是间接交流。同理，热线电话交谈的双方虽然是直接交流，但是对其他受众而言，仍然是间接交流。所以，播音员、主持人要具有较强的表情达意的能力，运用对象感等心理技巧，与受众进行交流。

（四）传播的转述性和过程的时效性

这是播音主持语言创作的第四个特征。从创作的身份和创作的心理来看，话剧演员以所扮演的角色的身份出现在舞台上，创作的心理是，我就是剧中人；说唱演员、朗诵者也以个人的身份在舞台上出现，创作心理是向观众表演作品。而播音员则以宣传员、受众的知心朋友的身份出现，面对受众传播消息、介绍知识或谈心等，其创作心理是“我向您报道最新消息或是我向您介绍、讲述”。即使是以个人身份出现的节目主持人，他代表的也是电台、电视台的创作集体，表达的也是编辑部的意见。传播正确的思想观点不能说是纯个人的行为，因此主持人的播音不是什么个体决策化的表演。从总体上看，播音有声语言有其艺术化的传播与表达方式，具有转述性的特征。那么从创作的准备过程和时间来看，话剧演员要经过看剧本、背熟台词、完成写人物小传等案头工作，再体验生活，然后进行反复的排练，在表演十分熟练后，方才正式登台演出。评书、相声、朗诵等语言艺术，也要背熟原稿、反复酝酿、排演熟练之后，才进行演出。而播音创作的准备时间和过程非常短，特别是新闻性节目，经常是看一遍就进播音室。有的时候是拿到稿件就去播音，甚至连看一遍都来不及。因此，播音工作的时效性是非常强的。面对内容多样的稿件，播音员、主持人要有快速掌握和驾驭稿件的能力。另外，随着节目改革的不断深化和业务领域的不断拓宽，播音员、主持人外出采访、现场报道、即兴应答的机会也增多了。因此，播音员、主持人还应具备无稿播音、即兴主持、出口成章的能力和素质。

（五）语言的美感性和情景的创造性

这是播音主持语言创作的第五个特征。作为语言艺术的播音有声语言，它的美感主要来源于演播者在作品中所创造出的艺术性和生动性。它一方面在于演播者那纯正、标准的普通话语音，圆润动听的嗓音和字正腔圆、富于美感的发音，另一方面在于演播者内心的真情实感。唯有这样，语言表达所承载的信息功能、审美功能、交流功能和愉悦功能才能得以实现。综上所述，只有扎实地掌握播音主持语言创作的基本特性，播音员、主持人在进行“二度创作”时才能在把握全球经济、时政的变化动向，掌握本国的方针政策和主流文化的前提下，将信息准确无误地传递给受众，并优化传播过程。

二、播音主持主体的角色和实践

播音员、主持人是国家与政府的主流意识形态和主流文化的代言人，是一些电视台形象的体现，也是社会形象的象征以及公众利益的代表，拥有耀眼的光环。因而，应承担“具有道德典范意义的媒介形象”的执行责任，始终应保持头脑清醒、言行谨慎，要以党和政府的宣传原则为依据，否则，就会遭到受众不留情面的批评和指责。因此，播音员、主持人有“公众角色”和“社会角色”双重身份，其全部工作都是一定社会意识形态的直接或间接体现。所以，播音员、主持人就需要以国家方针政策为指导，以与节目定位相符合的姿态和面貌出现在各种公众场合。

在此，播音员、主持人需注意的是，节目中的“我”，不等同于生活中的我。它高于生活中的我，是更高尚、更完美、更纯洁、更具有社会责任感的“我”。作为负有社会责任的播音员、主持人，更应如此。

在一定程度上而言，选择某种职业的实质就是选择某种生活方式。比如警察，当他们遇到歹徒行凶作恶时，必须挺身而出、勇敢制止，任何时候都要这样，否则就是违规、违纪、失职；而普通市民只需要拨打“110”报警和协助警察办案就可以了。同理，选择了做播音员、主持人，享受了聚光灯下的光鲜靓丽，接受了观众的掌声、鲜花和赞美，那就要主动在日常生活中做到内敛平和，承担起相应的责任。所以，我们必须认识到，播音员、主持人是传播主体，是节目的核心。在传播中，不管哪一种传播模式，都强调传播主体是传受关系中的主要方面，是传播行为的实施者，是传播什么、怎样传播的主导者。所谓“受众是上帝”“受众是中心”的说法，虽然有一定道理，却容易造成喧宾夺主的错觉，从而有意无意地削弱传播主体的责任意识。事实上，我们的传播，一方面是对受众的“求知欲”予以“满足”，另一方面是对受众的“应知”进行“灌输”。这两方面都成为引导受众的支柱。关键是在此过程中，传授者不要迎合低级趣味，更不要板起面孔说教。传播主体是大众传播媒体的公众形象，播音员、主持人不能把人际交流中的杂质带进来，鱼目混珠，也不要一味张扬“个性”、表演自我，从而脱离节目、侮弄受众。播音员、主持人应该坚持以真实的身份、真诚的态度、真挚的感情、真切的语气来进行传播活动。广播电视的传播过程，是群体互相尊重、协同工作、群策群力的过程，任何传播个体都不应自以为是，唯我独尊。

播音实践，或者叫作播音主持艺术实践，是播音员、主持人对新闻作品进行二度创作的必由之路。我们一定要明确，我们所有的理论都是前辈先贤从实践中总结出来的，都不是凭空生造的，都不能只做理性的思考而不去体验、感悟。因此，我们一再强调，播音员、主持人在对作品进行二度创作时，要走“感性—知性—理性—悟性”的创作之路。如果没有这种创作实践，仅靠当受众的感觉或一知半解，就大谈播音主持艺术，那只能是“隔靴搔痒”，会误人子弟。因此，在学习过程中，我们必须强调理论联系实际，在实践中检验理论，充实理论、丰富理论，用理论指导实践。同时，也要防止轻视理论的倾向，即使是过时甚至错误的理论，也只有经过实践的检验后，才能加以认定。另外，要认识到实践的长期性和反复性，不可草率判断、浅尝辄止。

总之，播音员、主持人作为传媒的形象代言人，代表的不仅是一种教育、一种资格，更是一种信息、一种先进的资源。在媒体竞争白热化时，各电视台均想打造一个优秀且有影响力的节目主持人。这就需要我们首先要有策划意识，通过电视节目来提升主持人的价值，再通过主持人提升栏目价值。其次，要从行动上建立配套的管理制度。主持人是媒介的稀缺资源，是传播生产力的核心因素之一。各媒体在培养主持人上面花费了很大的心力、物力，当主持人逐渐成熟之后，从管理的角度去保持主持人的品牌价值，就显得尤为重要。这种管理制度应当是具体、可见与明确的。要让主持人不断地去深造、学习，去交流经验、切磋技艺，以提升主持人的业务能力和竞争能力。在评价体系上，媒体不能唯“收视率”是论，要增加对主持人的人文关怀力度，加深对节目运作规律的理解。一个为主持人的未来做深度考虑的媒体，一定会创造出充分的条件，使旗下每个主持人的能力和积极性都能得到最大限度的发挥。媒体一定要激发每个主持人的上进心，使其不断打破旧的状态，进入新的和更高的积极状态，真正使主持人形成独特的竞争优势，成为本台的核心竞争力所在。

三、播音主持稿件的活力和创造

创新是一个民族的灵魂。创新同样是新闻和播音主持工作的灵魂。在传统的播音工作中，经常会有“不管三七二十一，拿起稿件彻头彻尾、一字不落地念一遍”的机械式播音形式。这种没有思想、没有创造的播音形式往往会让受众感到厌倦。播音是再创作，是播音员、主持人感于外、形于声的过程。随着信息传播更加快捷，主持人与受众的沟通越来越密切，第一现场的意识也越来越强。新时代的播音员、主持人除了进行播音的再创作外，还需要具备记者的素质，成为集采、编、播为一体的复合型人才，在节目中真正起到主持、主导的作用。目前，有的栏目在众多的报道形式中采用了主持人现场说新闻的形式。

这种形式没有后期配音，整组稿件通过多个主持人在不同点上的描述与观众的同期声串联起来，具有强烈的现场感和参与感，深受观众喜爱。但这种形式的实施要求主持人具备良好的记者素质和现场发挥能力，如此才能掌控现场，收到较好的引领效果。所以，要做一个真正能与时代同步的主持人，不断提高自身素质、不断学习、开拓创新，使自己真正成为一个能在节目中贯穿始终的核心人物。

众所周知，播音创作基础理论，具有新兴学科、交叉学科的特点，具有独立性、实践性的特色。它不同于语言文学教学理论，也不同于影视戏剧表演理论。它都体现在创作道路、语言特点、创作准备、具体感受、思想感情的运动状态及其表达方法、话筒前状态、播音表达规律等一系列问题中。集中到一点就是，播音员、主持人是有声语言的驾驭者，对于一切创作要素都应成竹在胸。在面对语言现象时，播音员、主持人不是旁观者和审视者，只能对发生的问题予以静态剖析，而无法在问题发生之前进行提示和掌控。在学习过程中，学生容易产生急躁情绪，由于急于求成，反而往往得不偿失。有声语言的驾驭，需要深入体验，有时经多次实践仍然察觉不到进展，那是正在量变过程中，也许是处于“渐悟”阶段。但只要坚持不懈，肯定会发生质变，“顿悟”就会到来。

进一步说，播音主持中的有声语言重在激发生命活力。人们说话，一般都是处在“非说不可”的状态下，我们绝对不能无视这个问题，否则，就要走进死胡同，从而扼杀了语言的生命活力，让所有理论都变得空洞、所有实践都变得虚假。对于社会上的风言风语，对于报纸上的不同观点，播音员、主持人都应该勇敢面对，并学会应用自己所理解的基础知识，加以分析、做出应答。这样，就能开阔我们的视野，增强我们的观察能力、思辨能力、应变能力和表达能力。特别是对于那些“时尚”和“流行”的观点，不宜轻信，不应随波逐流，更不应干扰我们对播音基础理论的系统学习和认真探索。

因此，播音创作基础，是关于进行有声语言创作的基础理论，而更广阔、更深刻的思考和追问，还在后面。基础理论是解决最重要的问题的观念和方法，必须一点一滴、一步一步地学习。这一步走好了，以后的学习就会事半功倍。有声语言，稍纵即逝，幽渺难知。因此，无论是看书、听课，还是自己练习，都要首先在最初级的层面上认真地把握，不能因其简单、明了而放松，更不能因其难于驾驭而退缩。对于广播电视的实际传播情况，我们也要深入思考和讨论，有声语言表达良莠不齐，不能一概而论。所以，我们在传播信息时要端正态度、明辨是非，真实反映民间疾苦，提升新闻报道品质，强化大众服务功能，这对于从事广播电视行业的人士来说，尤为重要。

第三节 当代播音与主持的语言表达

一、语言的重要意义

播音主持是一门语言艺术，它在精神文明建设中有着重要的意义。

（一）语言是播音员、主持人节目形式的重要载体

我国广播电视节目从最初简单的“司仪式”“报幕式”的串联，发展到现在的灵活多样、寓教于娱乐之中，中间经历了几十年的变革历程。现在，传媒魅力影响广泛，越来越受到受众的欢迎。在国际上曾有一种前卫派广播电视特写节目，广播是由纯音响组成的。同样，电视节目中也出现过由画面、音响和配乐组成的艺术探讨片。但是毫无疑问，这种节目传达的信息量是十分有限的，对接受者的理解和鉴赏能力也有比较高的要求。而我们大量的广播电视节目多以语言为主干，节目中主持人的设立更是为了减少大众传播中受众只能跟收音机、电视机接触而带来的间接化与远距离化的弊端。主持人的设立，可以增加节目人格化传播的亲近感。可以说，各类节目所要传播的信息、主持人所要表述的观点与见解、主持人与观众思想感情的沟通与交流，主要是通过语言来进行的。因此，主持人的语言表达技巧对社会信息的传播乃至精神文明的建设，都有重要的影响。

在语言承载节目形式的过程中，面对社会上对“播音腔”、语言“呆板化”的误解，笔者强调三点。首先，主持人语言对于引领社会的主流文化和积极向上的人生价值观有着重要的意义。这必定要求播音员、主持人使用标准普通话，提高有声语言传播的功力和水平。在为受众服务的过程中，坚持国家规定的语言标准，把握好传播导向，树立良好的公众形象。其次，播音员、主持人是以信息传播者的身份出现在社会生活领域的，从某种意义上讲，没有播音主持工作，就没有真正意义上的广播电视，为此，我们更要深刻认识到播音主持工作作为“空中语言学校”的影响力，树立起对党和人民负责、对社会负责、对历史负责的责任意识，搞好自身建设，增强引导效果，努力减少消极影响。最后，播音主持工作是党和政府联系人民群众的桥梁和纽带，主持人在新闻稿件中所传递的信息、体现的态度、揭示的语义内涵、表达的思想实质，都具有帮助大

众了解和认识社会的作用。由此可见，语言的传播对于舆论的监督、主流文化的引导非常重要，其所具有的庄重性、规范性，是我们播音员和主持人应当坚守的标准。

（二）语言是实现传播目的、提高节目质量的关键因素

主持人在节目中传播信息、表述观点、串联节目、与听众进行沟通与交流，主要是通过语言来进行的。主持人的语言运用是否正确、得体、优美，全凭自身的语言功力、思想素质和心理素质。因此，播音员、主持人语言能力的强弱、水平的高低，直接影响到节目的质量。这里所说的语言能力和水平，既包括其口才能力，又包括其表现力，比如主持音乐节目，有的主持人竟然把属于音乐范畴的“快板”“慢板”说成属于曲艺范畴的“快板儿”和不知所云的“慢板儿”，实在是贻笑大方；有的主持人音乐素养不错，可是说起话来无精打采，口齿含混不清，把节目弄得十分沉闷；还有的主持人在接热线电话或者与嘉宾共同主持节目时，不具备应有的对话资格，不善于归纳受众的见解或者提不出有针对性的问题，支支吾吾、语无伦次，叫人无法听下去。我们知道，了解节目、观赏节目是受众收听与收看节目的直接目的。由于主持人穿插其中，受众在节目的进程中听其言、观其行，也认识、了解并评价主持人，甚至会因为喜欢上某位主持人而留意其主持的节目。相反，如果主持人在节目中语言表达不佳，不仅会令受众扫兴，还会令他们对节目失去兴趣。

可以肯定地说，播音员、主持人的语言表现直接关系到节目的优劣、成败。这就要求主持人在节目中做到“惜言如金、精确生动”。所谓“惜言如金”，就是要求主持人在传播信息的过程中，要做到准确、鲜明、生动、凝练，即“言简意赅、言简意丰、言简意深”，只有这样，主持人才能在有限的时间里传递相对较多的信息，才能让受众接收到有用信息并从中受到启发。如果语言说得不够火候，或夸夸其谈、俗不可耐，过分地玩弄文字游戏，就会对社会带来不良的影响。著名作家马克·吐温讲过一个非常有趣的故事，他说：“有一个礼拜天我到教堂去，恰逢一位传教士在那里用令人哀怜的口吻讲述穷人苦难的生活，请求富人向穷人捐款。当他讲了 5 分钟之后，我马上决定捐助 50 元；当他再讲 5 分钟时，我决定把捐助的数目减少到 25 元；当他继续滔滔不绝地讲了半个小时后，我的捐助减到了 5 元；最后当他讲了 1 小时后，拿起钵子让听众捐助并从我面前走过的时候，我反而从钵子里偷走了 2 元钱。”这在广播电视节目中也是一样。如果主持人的语言缺乏深度，或者其喋喋不休，同样会引起受众的反感。反之，话语讲究分寸，抓住要害，直截了当，则会走进观众的

内心。以江西卫视《传奇》节目主持人金飞为例，他策划并主持了这个栏目，虽相貌平平，但是主持节目幽默得体，表达也十分准确生动，与栏目融为一体，受到观众的普遍好评。显而易见，主持人的语言能力最终关系到节目的总体质量和效果，影响着收听率和收视率。换句话说，播音员、主持人语言的优劣与他们的有声语言的功力有着非比寻常的关系。

（三）语言是播音员、主持人文化底蕴和人格魅力的体现

马克思说："语言是思想的直接体现。"语言不仅仅是主持人节目内容的载体，同时还是播音员、主持人文化底蕴和品位的体现。播音员、主持人是联系观众和节目的纽带，其个人是否具有魅力，语言是一个重要展示平台。主持人的语言问题必须从内容和形式两个方面去看：其一，语言，特别是有声语言，它具有"传播素质"，是节目主持人从业的重要条件；其二，仅靠有声语言得天独厚的条件，不肯在语言组合的表达层面上下功夫，这样的人同样不可能胜任主持人的工作。显然，播音员、主持人在节目中的语言表达能力能从各个角度展示其思想道德、知识功底、能力和个性等方面的特征。著名主持人白岩松的一段即兴演讲让人至今难以忘怀，他说："季羡林老先生的一席话给我的印象很深，采访他时，他说，'我已经老了，但前面的路仍有百合花的影子，人的前方要永远有希望、有温暖才行'。再举个例子，狗赛跑怎么比？怎么让狗跑起来，跑得快？每个狗前边都得吊个骨头，我们每个人也要给自己放块骨头，精神的骨头！"白岩松引用季老先生的话，旨在告诉大学生，虽然前面的路荆棘满地，但只要有一点希望，就应该不惜一切、勇往直前，直奔理想的彼岸。在阐述这一段时，他用了一个极为生动的比喻——狗赛跑，以此启发年轻朋友要有精神目标，如此生动、形象的比喻，怎能不受学生们的欢迎呢？白岩松在表达自己的见解时，幽默、风趣的言语中透露着强烈的责任心，同时营造了轻松、愉快的交流氛围，达到了锦心绣口、妙语连珠的至善至美的语言表达境界。

众所周知，受众正是通过语言来了解主持人的思想、观念、情感、态度、修养，甚至个人情趣、人品等深层次的内涵的。我们注意到，优秀的播音员、主持人总是能以他们饱满的热情、平易近人的态度、厚积薄发的语言功底和深入浅出的表达技巧，或侃侃而谈，或娓娓道来，或画龙点睛、略加评点，或连缀穿插、自如得体，或灵敏反应、机智贴切，语言流畅、表达优美，颇具风采。这样，就能使受众在思想文化等方面受益的同时，也体味到语言的魅力。

二、播音员、主持人语言表达主要存在的问题

（一）普通话不标准、用语不规范

首先，在教与学的过程中，应坚持使用标准、规范的普通话。我国有56个民族，使用着约80种语言，作为一个多民族、多语言的大国，倘若没有一种全国通行的语言，如何维系国家统一和民族团结？如何开创中国特色社会主义事业新局面、全面建设小康社会？正如语言文字学大师周有光所说：“一国人民，如果语言彼此不通，那是一盘散沙，不是一个现代国家。”幸而，我们有普通话！标准的普通话承载着博大精深的中华文化，有利于贯彻教育面向现代化、面向世界、面向未来的战略方针，有利于弘扬祖国的优秀传统文化和爱国主义精神。因此，广播电视作为语言传播媒介，应责无旁贷地担负起使用国家标准语言的神圣使命；主持人、播音员更应该担负起说一口流利、标准、具有导向性和示范性的普通话的历史重任。

其次，汉语是世界上最发达、最优美的语言之一，西方人称之为“智慧的语言”。在人们心目中，播音员、主持人使用的语言就是最标准的普通话，说好普通话是从事播音主持工作的前提。2001年1月1日颁布实施的《中华人民共和国通用语言文字法》规定：广播电台、电视台以普通话为基本的播音用语。每位播音员、主持人必须通过普通话水平的测试才能上岗主持节目。但是，在现实生活中，我们却常在电视里、电台中听到不标准的普通话，一些用语也很不规范。其问题有如下三种。

1. 港台腔

不知从什么时候开始，我们身边刮起了一股“港台风”，港台腔似乎成了时尚、新潮的象征。原本说着一口标准普通话的播音员、主持人也满嘴“是不是的啦”“不会的啦”，或经常“哇”“耶”地乱感叹。还有部分播音员、主持人故意卷舌音不卷、翘舌音不翘，刻意朝港台式发音靠近。这种行为势必影响到整个节目的质量，影响到受众对节目的理解，影响到播音员、主持人对节目的把握。

2. 方言

在我们的节目中，适当地运用一些方言，会使节目增加一些乡土味，原本无可厚非，但如果滥用方言，把方言当作噱头，就会产生不严肃的效果，不仅会影响到受众的理解，也不利于今后的发展。

3.“说”“播”混淆

现在的播音员不再像以前那样单纯地播发稿件，有时需要脱稿主持，即“说新闻”。但很多播音员、主持人根本不会“说”，常常“说”“播”混淆。还有的播音员、主持人，即使播报时政要闻也满口的“嗯、吧、呢”等感叹词，似乎不这样，就不能显得生活化、口语化。

最后，有了标准的语音和规范的用语，才能为进一步培养学生的审美情趣，带动学生去创造作品中所需的意境打下坚实的基础。

（二）基本功不扎实、随意性强

播音员、主持人的语言失误对自身与社会的影响都是消极的，这种消极的影响再通过大众媒介的传播，就会急剧放大，对整个社会健康、科学、有序地发展和构建社会主义和谐社会都会带来不利的影响。另外，它还会对整个传媒语言的文化身份产生负面效果，使它从外到内地弱化，使传媒语言文化身份走入误区并且产生异化。通过观看大量节目，笔者暂把易出现的口误归为以下四点。

1. 常识错误，信口开河

常识错误包括语音、语法的偏差，言词粗糙，不了解国家政策法规，基本文学常识缺乏等。由于直播节目的增加，许多播音员、主持人需要脱稿进行播音、主持。因为难以适应这种方式，或者自己太过自信，再加上语言功底不够扎实，一些主持人往往信口开河。2008年4月26日中央电视台一套节目《整点新闻》，播音员播报新闻《我国圈养大熊猫依然难脱生存隐患》时，四次把“圈（juàn）养”念成了“圈（quān）养”，而在随后的新闻配音中，播音员念的是正确的“圈（juàn）养”。这样的错读音一出口，必将误导观众，使观众产生困惑，甚至对媒介传播的信息产生不信任感。

2. 废话连篇，内容空洞

广播电视传播是线性传播，节目必须在规定的时间内传播尽可能多的有效信息。可是一些主持人在主持节目时废话连篇、表述含糊，让人费解。如北京电视台的某足球解说员的解说，永远就是那么几句话：“这样的球踢来踢去很难办，进攻吧，后防空虚可能会失更多的球，不进攻吧，就更不行……”而且，他对很多观众都明了的事却浑然不知，只能用废话来“填”时间，让观众听了烦不胜烦。

3. 表现欲强，喧宾夺主

播音员、主持人应该有自己的个性特点，但这并不意味着在播音或主持节目的过程中过于表现自我，这也涉及对“度”的把握。如现在的电视台、电台热衷于办聊天类节目，有些主持人为了显示自己有水平、有思想，往往置聊天对象于不顾，自说自话，嘉宾精彩的言谈常被主持人打断。有的播音员、主持人在播音、主持中把自己的位置摆得过高，表现出颐指气使、高人一等的架势，甚至在节目中表现出对嘉宾或者受众的不耐烦与不礼貌。如今，这种情况屡见不鲜。

4. 乱用幽默，趣味低级

幽默是智慧的闪现，幽默也是一种意志的力量。节目主持人的幽默一般不以外表的滑稽可笑取胜，他们追求的是审美心理的愉悦和发自内心的笑意。作为一名优秀的播音员、主持人，应当语言俏皮、超越常规、巧说反语、巧设停顿。如果能做到上述几点，广播电视节目必定会和受众的心贴得更近。在一些节目中适当地增加一些幽默感，会达到锦上添花的效果。但对幽默的运用也应讲技巧，不能拿嘉宾“开涮”。

由此可见，播音员、主持人语言失误所产生的传播负效果是不可估量的。广播电视无疑是集权威性和社会亲和力于一身的“强势媒体”，其语言应具有示范等作用。媒体通过信息传播活动实现意图或达到目标，播音员、主持人的语言传播活动对受众的社会关系网络和各种社会环境都会产生一定的影响。媒体的影响力很大，播音员、主持人要对语言失误的负效果给予关注，避免失误。

三、播音员、主持人语言表达能力的提高策略

（一）运用语言要强化情感性

人们常说“以情动人”，又说“感人心者莫先乎情”。广播电视节目主持人要有“对象感”，同时也自然包含着对受众的关注与关心。因此，在与“对象”的交流过程中，要充满感情、真情、热情、激情，而且这种情感一定要发自内心。只有这样，才能真正与“对象”形成交流，达到预期的传播效果。

（二）体现语言的意境美

意境是我国美学思想中的一个重要概念，它体现了艺术之美，在艺术创作和欣赏中，人们常常把“意境”作为衡量艺术美的一个标准。要想体现语言的

意境美，首先要调动自身的情感，面对一篇不同意境的文章，主持人应当吃透作者的意图和情感的起落走势，力求真实再现作者描述的情景，发自内心地与文章内容产生共鸣。其次，是给文章定调，这篇文章到底是冷静的、激扬的，还是低沉的、明快的，要搞清楚。

（三）培养气质，提升情趣

媒体人应注重培养气质，提升情趣。播音员、主持人做节目要满足受众的审美需求，致力于不露痕迹和潜移默化地吸引受众，让受众如痴如醉地沉迷其中。如果主持人的语言流畅优美、文采飞扬，受众自然会兴趣盎然，陶醉其中。尽管播音员、主持人的文学气质表现不一，或明朗、或含蓄、或严肃、或活泼、或豪放、或柔婉等，但只要能把思想和感情巧妙地融入其中，让审美情趣负载着艺术之美、让语气负载着思想之魂，就能使广播电视节目更具感染力、渗透力和影响力，深入每个受众的心田。

综上所述，作为播音员、主持人，要想在语言表达能力上有更大的进步与长足的发展，就应当在语言表达的发音标准、用词规范等几方面下功夫。在信息产业飞速发展的当今时代，播音员、主持人要不断地努力学习、开拓创新，为进一步提高广播电视节目的档次、更好地服务群众，做出应有的贡献。

第二章　播音与主持的语言特点

语言是人类交流的工具，是信息的载体、文化的载体，在社会政治、经济、文化发展中有重要的地位和作用。

广播电视播音主持主要是借助电子媒介进行的有声语言创作活动。它与生活语言和其他艺术语言有共同性，同时又有自己的个性，其个性产生的基础源于大众传媒的特点，包括传播介质、传播目的、传播主体、传播对象的独特性。经过长期的实践积累，我们将播音主持的语言特点归纳为六个方面——规范性、庄重性、鼓动性、时代感、分寸感、亲切感，简称“三性”“三感”。

第一节　规范性

播音主持语言以有声语言为主要创作手段，有声语言的线性传播特点，使人在收听过程中往往是一听而过，不便反复收听。为此，要求播音主持语言必须准确清楚，不能因语言的不规范而影响传播效果。此外，推广普通话也是播音员、主持人应尽的义务和应负的责任。

一、对规范性的认识

播音主持语言的规范性一方面要求语音（即声母、韵母、声调、儿化、语流音变等）、词汇、语法、修辞等必须符合现代汉语普通话的规定，另一方面要求语言清晰顺畅，表达精准。

普通话作为国家的通用语言，在语音、词汇、语法等方面都有明确的规定和要求，播音员、主持人在语言传播过程中应使用规范的普通话，并且做到熟练运用，不仅字音要准确清晰，语流语调还要顺畅入耳，表情达意要生动恰当、清晰明了。

为什么要坚持规范性呢？这与国家的发展建设和播音员、主持人的岗位特点有直接关系。由于其岗位的特殊性，国家、媒体和受众在使用和推广普通话上对播音员、主持人提出了更高、更严格的要求。

（一）国家发展建设的需要

我国是个多民族、多方言的人口大国，即使在同一方言区也经常存在“十里不同音”的情况。当今社会，若言语不通、沟通不畅，将直接影响人的生存发展和社会进步。大力推广普通话对国家政治、经济、文化建设有重要意义，有利于增进各民族、各地域之间的交流，满足经济和科技飞速发展的需要，维护国家稳定和文化安全，增强中华民族的凝聚力。因此，国家非常重视普通话的推广工作，并在宪法和相关的法律法规中都做出了明确的规定。广播电视管理部门历来重视广播电视在语言文字使用上的规范性，对播音员、主持人应达到的普通话水平等级做了明确规定。

《中华人民共和国宪法》第十九条第五款要求“国家推广全国通用的普通话”。

《中华人民共和国国家通用语言文字法》第十二条要求“广播电台、电视台以普通话为基本的播音用语”。第十四条要求“广播、电影、电视以国家通用语言文字为基本的用语用字”。第十九条要求“凡以普通话为工作语言的岗位，其工作人员应当具备说普通话的能力。以普通话为工作语言的播音员、节目主持人和影视话剧演员、教师、国家机关工作人员的普通话水平，应当分别达到国家规定的等级标准；对尚未达到国家规定的普通话等级标准的，针对具体情况进行培训”。

《国家语委、国家教委、广播电影电视部关于开展普通话水平测试工作的决定》第十二条要求“专门从事普通话语音教学的教师和从事播音、电影、电视剧、话剧表演、配音的专业人员，以及相关专业的毕业生应达到一级甲等或一级乙等水平”。

广播电视的语言文字在具体使用过程中依然存在不规范现象，一些不规范的用语或表达方式经常出现在广播电视里。2014 年 11 月 27 日，国家广播电视总局针对在广播电视和广告中出现的语言文字不规范现象发布了《关于广播电视节目和广告中规范使用国家通用语言文字的通知》（以下简称《通知》），《通知》除了对不规范的语言现象做出要求外，还对坚持规范使用语言文字的重要性做了明确阐述：“广播电视推广普及、规范使用国家通用语言文字，是传承中华优秀传统文化、增强国家文化软实力的需要；是树立文化自觉、文化自信、文化自强，确保文化安全的具体举措。广播电视作为大众传媒，担负着引领和示范的职责，必须带头规范使用通用语言文字，做全社会的表率。”

《通知》指出，“加强对主持人、嘉宾及其他节目参与人员规范使用通用语言文字的提示引导，对于不规范使用国家通用语言文字的内容一律不允许播出”。

因此，播音员、主持人应有充分的使命意识，深刻认识在推广和使用普通话上的重要职责，学好普通话，用好普通话，努力提高普通话水平，自觉使用规范的语言文字，为全社会学习和推广普通话起到示范、表率作用。

（二）媒介传播的需要

广播电视是大众传媒，它的覆盖面极其广泛，其传播对象往往处于不同的方言区，如果不使用大家都可以听得懂的规范的普通话，交流就会出现障碍。目前，某些方言区还保留有方言播音，其传播对象主要是使用某一方言的人群，这虽然有利于使用这一方言人群之间的交流，但对于那些不掌握该方言的人群来讲，这会使他们因为听不懂而无法交流。这也从另一角度说明，使用标准、规范的通用语言进行传播可以使更多的人听得懂，传播范围可以更广，传播效果会更好。

二、存在的问题和要求

（一）将规范与“自然”对立

在坚持规范性上要避免一种认识上的偏差，就是把规范与自然对立起来。这种认识有两种不同的外部表现。

一是认为要想规范每个字音都必须“标准化”，如果自然就不规范了。这样很容易造成语言表达过程中的“字化”现象，从而影响传情达意。“语流音变”是顺应语言表达过程中音节之间的相互影响而发生的自然“音变”现象，这种“音变”既是自然的又是规范的。在表达过程中，因表情达意的需要，每个字词的高低强弱、长短虚实不可能完全一样，如果每个字词都是一个“标准”，反而会违反自然的语言表达规律，肯定难以获得良好的传播效果。

二是认为规范就是不允许自然，为了自然就不能规范，所以有的人对自己的语言不规范问题听之任之，甚至美其名曰“自然”。目前，播音员、主持人普通话语音不过关的问题还较普遍，如前后鼻音不分、平翘舌不分、鼻边音不分，轻重格式不准确、语流不畅等，除了普通话基础不好以外，对语言存在的问题不重视也是出现上述问题的重要原因之一。

实际上规范与自然并不矛盾，一切规范都不是凭空捏造的，而是来自自然，植根于自然的。有声语言的规范并不限制表达的自然和生活化，在规范化的要求下照样可以生动自然。在我们的语言传播过程中，完全可以做到在自然中遵循规范，在规范中展现自然。

（二）将规范与个性对立

当今社会强调个性，语言表达也是如此。当强调播音主持语言的规范性时，有不少人认为规范束缚了个性，甚至把规范与“死板”混为一谈。所以，我们不时听到有些播音员、主持人为了表现“个性”刻意突破规范，比如，有意在语言中增加一些尖音，违反普通话轻重格式的要求，夹杂一些方言词和方言语调，等等，其实这种个性化是肤浅的，是容易被复制的，并不能表现一个人的个性。个性来自一个人对事物的独特理解、独特感受、独特表达，是一个人内在活力的外现，从某种角度来说具有不可复制性。无论是方言还是普通话都能表现人的个性，但播音员、主持人在表现个性时应该使用规范标准的普通话，规范与个性并不对立。

第二节　庄重性

一、对庄重性的认识

播音主持语言的庄重性植根于播音主持的新闻属性，是基于播音员、主持人是新闻工作者的认识提出的。庄重性的核心是强调有声语言传播要真实可信，强调播音主持语言应该是“真实、清晰、恰切、质朴的，而不是虚假、含混、冷漠、僵硬的”，强调播音员、主持人在创作过程中必须严肃认真、一丝不苟，拒绝道听途说、信口开河、草率轻浮，要“保持庄重的态度，流露出严肃郑重的神情，显示出义不容辞的责任，表达出坚定不移的真诚”。

真实是新闻的生命，是衡量一切新闻价值的首要标准，新闻不允许有任何虚构或想象，因此，作为新闻工作者的播音员、主持人，其有声语言表达也必须是真实可信的。但种种原因，如理解感受不准，语言功力不足，所谓的“个性”问题，都可能给人以非真实感，所以，我们不仅要做到内容本身是真实的，还要在表达上让人感到真实可信。对态度、感情的把握，声音的运用，吐字、气息的状态，等等，都会影响有声语言的品格和可信性。

二、存在的问题和要求

（一）把庄重性等同于“呆板”

一说起要庄重，有的人就会把它与呆板联系起来，内心便有些抵触，总想突破呆板，以显示自己的活力，但有时往往就突破了庄重性的底线，信口开河、俗言媚语，十分低俗。

之所以把庄重与呆板联系起来，是因为没有真正把握庄重性的内涵，庄重不是呆板的同义词，不是丰富多彩、声情并茂、形象生动、个性鲜明的对立物。表达中我们既需要庄重严谨，又提倡风趣幽默、活泼灵动。也就是说，在表达过程中，要把握好分寸，做到落落大方，反对玩世不恭、虚情假意、虚浮夸张。

（二）把庄重性外在为“高高在上”

在播音主持中也确实存在某种呆板现象，主要表现为忽视庄重性的内在要求，不注意调动内在的表达愿望，缺少真诚的交流状态，表达时端着架子，高高在上，一板一眼，这在新闻播报中较为多见。这种貌似庄重、高高在上的呆板完全背离了庄重性的要求，不仅不能让人感到真实可信，反而让人感到你在装腔作势，难以让人接受。

总的来说，把握庄重性应做到“庄重而不呆板，活泼而不轻浮”。

第三节　鼓动性

一、对鼓动性的认识

大众媒介中的语言传播是有目的的传播，我们进行语言传播不是为了自我宣泄、自娱自乐，而是为了在进行信息传播的同时，传递情感，传播文明，批判不正之风，让社会更加文明，这正是播音主持语言鼓动性的内在要求。概括地说，鼓动性是指语言传播中所显示出的感召力和感染力。

鼓动性，是创作主体由内而外生发出来的一种推进力，是创作主体赋予有声语言的生命活力。它以创作主体真挚贴切的思想感情为基础，以具体的针对性为目标，并充满人文关怀，是凝练出的感召力和感染力。

鼓动性不是强加于人的，它遵循“情动于中而形于言”的艺术创作规律，强调内在情感的真挚和“非说不可”的愿望，注重语言表达情真意切，富有感染力。

不同节目，其播音主持语言的鼓动性是不同的。有的浓烈些，有的平和些，有的显露些，有的隐蔽些，但最终都希望能够催人向上。

二、存在的问题和要求

（一）将空洞说教与鼓动性相混淆

一说起鼓动性，有的人就以为是要空洞说教、强加于人，特别是播报新闻时为了“客观”更是有意压抑情感，觉得无动于衷就是“客观”，这无疑是从一个极端走向了另一个极端。其实新闻事实是客观的、真实的，而事实本身又是有色彩、有温度的，当报道消防战士牺牲在救援现场时，当介绍一个失去生命的人把光明留在人间时，当说到官员面对百姓疾苦不作为时，我们怎能无动于衷呢？语言传播要鞭挞丑陋、倡导正气、催人上进，这是媒体的责任、社会的需要和大众的期待，除了要有充实的内容，更需要传播者情真意切，充满温度。

（二）忽视内在基础，追求外在形式

鼓动性的基础是语言传播主体内在的真情实感。抽空了情感的真，鼓动性就失去了魂，再好听的声音，再有形式上的抑扬顿挫、慷慨激昂，也无法打动人、感染人、激励人。在有声语言创作过程中，有些人为了获得“鼓动”的效果，常常会从形式出发，设计一些“高潮”点，每到此处，就抬高嗓门，期待给人“震撼”，殊不知没有真情实感做支撑，嗓门再大，声音再高，也不会有好的效果，只能让人反感。

因此，我们要真正认识鼓动性的内在要求，唯此我们的语言才会真正具有感染力。

第四节　时代感

一、对时代感的认识

播音主持语言的时代感是指有声语言表达所表现出的一定的时代氛围和一

定的时代精神。

一般来说，在政治、经济、文化向前发展的同时，艺术创作必然是与时俱进的。“与时俱进”之“时”，主要是指每个认识主体所生活的那个时代的实践总体所造成的时势。这种“时势”既包括认识对象的发展变化，又包括促进和制约认识水平提高的历史条件。对于播音主持语言来说，时代感不是人为的，而是某一时代的总体特点在有声语言表达上的客观反映，反过来，播音主持语言对某一时代有声语言的表达特点又有极大的影响。

首先，播音主持语言特点与时代特点相一致。播音主持工作本身的时代感就非常强。它以不断变化发展的多彩的时代生活为依托，以关注社会变化、服务百姓、崇尚健康人生为宗旨，及时报道、评析变革时代的生活现象，播音主持语言也往往紧跟时代，体现出时代的特点。

纵观广播电视播音语言的发展历程，播音语言具有鲜明的时代感。不同时期中国社会的发展特点和生存状态对播音语言有着直接的影响，不同时期的播音语言呈现出不同时代鲜明的印记。从某种角度来说，我们通过播音语言词语和表达方式的特点可以窥见社会某一发展时期的总体特点。比如，解放战争时期的“爱憎分明”，改革开放前期的“降调”和“提速”，无不反映了那个年代的时代氛围。

其次，播音主持语言的时代感是时代特点在播音语言上的客观反映，与此同时，它对所处时代的语言风气和语言品格也具有一定的引领和推动作用。借助大众传媒，播音主持语言可以对所在时代的个别语言现象产生放大、推广的效应。因此，传播主体在语言传播过程中既要顺时而进，又要辨识方向，认清哪些语言品格应该坚守、继承，哪些语言风气应该摒弃、遏制。

最后，语言传播主体要主动感受和把握时代的特点及要求，与时俱进。尽管我们每个人在语言运用中会自然而然地呈现所在时代的特点，但作为语言传播的个体来说，应该主动地认识和感受这个时代的精神风貌和行业发展趋向，让自己的语言能力能够跟上时代发展的步伐，避免故步自封、墨守成规。

二、存在的问题和要求

一般来说，播音主持语言具有时代感的特点是大家的共识，但在具体实践中也还存在一些问题，比如把时代感狭隘地认为就是赶时髦、追时尚。

“时尚”一般体现了一个时代或时期流行的一种风气或习惯，所以，有的人认为时尚的东西都具有较强的时代性。但是，每一个时代，特别是在价值观多元化的当下，不同领域、不同人群中，认知和流行的时尚并不一定相同，而且，所谓时尚的不一定就是文明的、对社会有益的。例如，奢靡浪费的生活方式在某些人眼中就是高品质的生活，就是时尚，而这种时尚却是我们要坚决反对的。在语言运用方面也存在同样的问题。改革开放后，“港台腔”曾是非常时尚的一种说话腔调，虽然港台演员用这种腔调说话并不是为了时尚，而是因为说不好普通话，但由于当时刚刚改革开放，港台明星们的这种说话腔调让人感到新奇有趣，人们在生活中也会偶有模仿。但一些播音员、主持人在语言表达时刻意加入这种腔调，就对“港台腔”成为“时尚”起到了推波助澜的作用，而这种“时尚”对于我们的语言发展是毫无益处的。同样，现在网络上出现的大量的新词新语是最具时代感的，有些词语丰富了人们的语言生活，展现了新时期人们的新生活、新风貌，但有的是随意生造的，播音员、主持人在使用时要有所选择，不能满口网络语言。

2014 年 11 月 27 日，国家广播电视总局发布《关于广播电视节目和广告中规范使用国家通用语言文字的通知》，指出要严格规范使用国家通用语言文字，各类广播电视节目和广告应严格按照规范写法和标准含义使用国家通用语言文字的字、词、短语、成语等，不得随意更换文字、变动结构或曲解内涵，不得在成语中随意插入网络语言或外国语言文字，不得使用或介绍根据网络语言，仿照成语形式生造的词语，如“十动然拒”“人艰不拆”，等等。

总之，播音员、主持人在语言运用时不能盲目追时尚，应对种种时尚有理性的辨析和选择，我们所追求和引领的时尚应有助于语言的健康发展，有助于社会的文明进步，这是我们的责任所在。

第五节　分寸感

一、对分寸感的认识

通常一提起分寸感，就会想到政策分寸。无疑，政策分寸的把握在语言传播中是非常重要的。播音主持语言的分寸感涉及的范围很广泛，从词与词、句与句、段与段再到篇章、话题、节目，都有分寸感的把握问题。而要精准地表现生活还需要把握好艺术分寸。

张颂认为播音员、主持人的有声语言创作，兼有“政策分寸”和“艺术分寸”的“分寸感”，就算进入了表达的新境界，能为以后形成特色和风格，打下坚实的基础。

总的来说，播音员、主持人对于文章和节目内容的表达，无时无刻不存在着各种分寸感的把握问题，需要播音员、主持人细致准确地掌控。

（一）政策分寸

政策是一个国家或政党为实现一定历史时期的路线而制定的行动准则。党的方针政策体现在我们现实生活中的各个领域，大众传媒更是无处不体现着国家的大政方针。播音员、主持人只有在平时及时关注国家大事，积极了解新观念、新政策，把握政策变化，才能在语言传播中做出快速准确的反应和恰当的表达。

张颂在《播音创作基础》中指出：方针政策是十分具体的，任何空泛的解读和笼统的言说，都容易造成无关痛痒的效果。方针政策的具体，展现了明确的目的和针对的问题，展现了基本的思路和主要的对策。这时，政策分寸的把握，就显得更加重要了。“政策分寸”，成为有声语言创作不能须臾离开的、带有根本性的贯穿线。

（二）态度分寸

态度主要表现为一个人对一件事情的看法。创作主体对所要表达的人、事、物持什么样的态度，是肯定还是否定，是赞扬还是批评，是歌颂还是贬斥，等等，都存在态度分寸感的问题。现实生活丰富多彩、纷繁复杂，我们不可能对所有的事物都是一个态度，需要做出基本的评价、判断，不同的播音员或节目主持人，面对同一人、事、物态度也会有所不同，体现在有声语言表达中就会有“分寸感”的问题。我们将态度差异大致分为三个等级：重度、中度、轻度。举个简单的例子：

妻子翻箱倒柜寻找起酒瓶子，唠唠叨叨地说，“没听说谁的生日得提前两天过的，弄得我啥也来不及准备”。

（李翔《生日》）

从文字上看，妻子说话时心中是有所不满的，但不满到什么程度，文字体现得并不明确。当我们尝试用不同的分量来表达时，可以发现不同分量的表达会塑造出不同的妻子形象或性格。因此，在表达时要避免“见字出声”，我们需要根据上下文情节的发展、人物关系、人物性格等多方面进行揣摩体味，使内心有充分的依据，表达出恰当的态度分寸。而在时政新闻里，特别是表达国家立场时，态度分寸的准确恰当更是尤为重要。

（三）语体分寸

报纸、广播、电视、新媒体等各种新闻传播机构常用的新闻语体主要包含三大类。一是以报道新闻事实为主的记叙体裁，如消息、通讯、新闻特写等。二是以阐述对客观事物的见解为主的论说体裁，如政府工作报告、社论、评论员文章、短评、述评和各种署名短论或言论等。除了以上两类之外，还有新闻人物访谈等。各种语体，在表现手法、结构和语言等方面都有各自的特点，在有声语言的表达上也应有所区别，应根据不同语体把握好分寸感。

一般来说，消息的表达，庄重朴实，清新明快，应该叙事准确清楚，态度分寸掌握得当，语句紧凑规整，把握“感而不入，语尾不坠”的特点。新闻评论的表达则侧重于论述道理，语言表达要做到观点鲜明、逻辑严密、论述有力，还需要张弛有致、舒展从容。

（四）表达分寸

有声语言的表达是否准确恰当可以体现出创作主体的艺术分寸感水平。语言的规范度、内容的明晰度、情感的准确度、沟通时的交流深度，以及有声语言的表现力、感染力，传播者的独特感受、表达习惯、播讲状态，就连一个重音是否准确，一个停顿或连接是否准确，等等，都会对艺术分寸是否恰如其分、恰到好处产生影响。要提高自己的艺术分寸感，绝不是靠一两个方法就能解决的，个人修养、人格、学识、语言能力等各方面都将参与其中，语言传播主体要下大力气锤炼自己的语言功力，不断提高自己的语言表现力，使自己的表达分寸恰当、美不胜收。

二、存在的问题和要求

（一）忽视对政策分寸的把握

在广播电视每天发布的大量信息里，时政新闻占有很大的比重，其内容包括党和国家的方针、政策、立场，政府部门的法律法规，国与国之间的礼尚往来，这些新闻没有具体的故事，总体比较宏观、抽象，不少播音员在播时政新闻时，对内容本身缺少深入了解，或者空端架子，或者有字无意，或者有声无情，或者千篇一律，忽视了政策分寸的把握。要把握好政策分寸，我们需要多关心国内外大事，注重积累，这样才能做出迅速准确的反应，表达分寸才能恰当。例如：

今天，国家统计局公布 2014 年全年经济数据。2014 年，我国经济总量首次突破 60 万亿元，经济增速、物价涨幅、新增就业三大指标均位于宏观调控区间之内，中国经济总体呈现出稳中有进的发展态势。

2014 年，国内生产总值比上年增长 7.4%，达到 63 万 6463 亿元，超过 10 万亿美元，中国稳居全球第二大经济体地位。

2014 年，世界经济复苏曲折、缓慢、复杂，国内正逢增长速度换挡期、结构调整阵痛期、前期刺激政策消化期三期叠加，经济下行压力很大，经济平稳增长来之不易。更为难得的是，全年物价水平上涨 2%，就业总体平稳，城镇新增就业 1322 万人，超额完成 1000 万人的任务。

2014 年，第三产业增加值占国内生产总值的比重为 48.2%，高于第二产业 5.6 个百分点。中国经济由工业主导向服务业主导推进的势头进一步得以确定。

2014 年，第二产业中高耗能产业下滑，高技术行业势头迅猛，同比增长 12.3%，比工业平均增速快了 4 个百分点。第三产业中，电子商务同比增长近 50%，信息消费增长强劲。

产业结构不断优化，分配结构也正趋向合理，2014 年，全国居民人均可支配收入 20167 元，同比增长 10.1%，增速跑赢 GDP。

（《我国 GDP 首破 60 万亿调控目标实现》，中央电视台《新闻联播》2015 年 1 月 20 日）

这条消息用了许多数字和较为专业的术语来说明情况。播读时，我们不能只满足于语言清晰流畅，还要对这条新闻的内涵有较明晰深入的理解。新闻中的数字显示，2014 年国内生产总值比上年增长 7.4%，经济总量首次突破了 60 万亿元，中国稳居全球第二大经济体地位。仅从字面看，对于这样的结果我们似乎应该欢欣雀跃，但其实数字的背后有另一番意味，由于 2014 年中国经济面临了诸多压力和挑战，全球经济复苏曲折、缓慢，再加上国内“三期”叠加，经济下行压力增大，7.4% 是 1991 年以来创下的最低增速，所以有媒体和不少网民对此比较“悲观”。因此，这些看似简单枯燥的一个个数字背后，其实反映了非常复杂的发展现状，我们在进行报道时只有对内容的前因后果有全方位的认知，才能把握准确，才能分寸得当。回到上面的新闻看，7.4% 的增速到底应该如何看呢？尽管它创了增速新低，但是它非常接近中国政府年初确定的经济增速 7.5% 的目标，尽管数字下降了，但经济结构更趋合理，特别是老百姓的总体收入提高了，我国的经济运行仍处在平稳可控的状态，实现了“稳中求进”的发展态势。了解了这条消息的总体情况，我们在具体表达时看到那些数字和专业术语就不会再无动于衷，或单纯地欢欣雀跃，或悲观沉重，而是在客观理性中多了一些欣慰和信心。

总之，时政新闻看似枯燥无味，实则关注的是国计民生大事，在语言传播过程中语言传播主体应高度重视政策分寸的把握，让我们的表达准确恰当。

（二）忽视对艺术分寸感的追求

我们说播音主持语言是艺术语言，艺术性是它的重要属性之一。任何艺术都有其艺术方法、艺术标准、艺术追求，播音语言也不例外。艺术标准是有层次的，对艺术的追求是永无止境的，作为有声语言创作，有三个不同层次的创作空间：生存空间、规范空间和审美空间。每一个空间都有它存在的意义与合理性。作为艺术追求来说，审美空间既植根于生存空间和规范空间，同时又有更高的追求。

张颂在《播音创作基础》中指出："规范，也是一种美感。但是，有声语言的规范空间，没有包含美学理想，还需要提升到审美空间才可能给人以更强烈、更深远的美感愉悦。有声语言的美感，不仅是用气发声的甜美、吐字归音的精美、语言表达的优美，还有民族美、风格美、意境美。"

这里要注意两点：一是避免为"说"而"说"；二是避免装腔作势、假模假样。

由于广播电视有声语言与我们日常的生活语言非常贴近，随着受众意识的日益强化，为避免高高在上，我们很多时候都追求播音主持时要"说话"，似乎越生活越好。从某个方面来看这是对的。我们提倡在表达时内心充满"非说不可"的愿望，与人积极交流，说实实在在的真话，但是在外在表现上，且不说不同语体说的形式应该有所不同，就一般表达看，我们的有声语言也不能满足于与日常生活完全一样。即便在日常生活中，人们的语言能力也有高下之分，有的人语言清晰、富有感染力，有的人说话却含糊不清、逻辑混乱，我们不能说在广播电视里凡是像生活中那样说话就应该肯定，而必须注重传播效果。所以在进行有声语言传播过程中，一方面要有真实积极的"说"的愿望，另一方面还要讲究声音悦耳、吐字清晰，表达准确恰当、有感染力、有意境、有品位、有分寸、有美感，让受众在获得基本信息的同时还能感受到语言的魅力，达到愉悦共鸣。

在有声语言创作过程中，我们也要避免脱离生活，拿腔拿调、装腔作势。有些人特别是初学者为了像播音、像主持，一表达总是要端起来，感情似乎很饱满，但不顾内容从头到尾都一个腔调，虚情假意，还以为这样的表达很"艺术"，殊不知，这是极其错误的，要坚决克服。

要提高语言表达的艺术分寸感，一方面要多听多看优秀的作品，提高自己的艺术品位和鉴赏力；另一方面一定要在学习、实践中不断锤炼基本功，不断提高自身的语言功力。

第六节　亲切感

一、如何认识亲切感

播音主持语言的亲切感是指创作主体在有声语言表达过程中言之有物，心中有人，以真诚平等的交流，营造和谐沟通的氛围，使人愿意接受所传播的内容。

广播电视的语言传播是有对象、有目的的传播，它强调传播效果的最大化。如果它所传播的东西不为受众接受，那么所传播的内容就是无效的，是毫无意义的。在语言传播过程中，面对不同受众的不同特点、不同需求，有声语言传播主体应去了解他们，满足他们，杜绝不顾受众特点和需要的自说自话、自我表现、假装亲切。传受双方是平等的，播音员主持人一方面要积极真诚地与受众交流，满足受众的愿望和期待；另一方面也要担当起社会责任，不能为了收听率、收视率满足某些受众不合理的需求，应避免媚俗，这样才能满足更多受众的需要。

亲切感并不是一种语言模式，低声细语、柔声软语不一定就具有亲切感，不同的内容，不同的对象，不同的语境，亲切感的表现方式都会有所不同。亲切感重要的是有的放矢、言之有物、态度恳切，使传受双方都感到舒服、自在。

二、存在的问题和要求

我们有时对亲切感的认识存在偏差，过于追求形式化的东西，总是在声音的外在形式上做文章，不看内容，不顾对象，或用一种固定“唱调”，或一味追求气势高调，或是无对象感的“亲切调”，窃窃私语、轻声软语，貌似热情亲切，实则无动于衷，千篇一律，忽视了亲切感的关键——有的放矢，有感而发，态度恳切谦和，话语真诚自然，忽视了亲切感的本质——使受众愿意接受，使传受双方息息相通。要使语言有亲切感，应注意以下两点。

（一）依据内容，有的放矢

广播电视每天都会传递大量信息，播音员、主持人要重视受众“新鲜、易懂、可信、情真”的期待心理，确定传播重点，调整声音状态，把握语气节奏，契合受众心理。我们来看两条消息：

昨天晚上 11 点 35 分，位于上海南京东路外滩的陈毅广场的上下层楼梯上发生了踩踏事故。

现场执勤的警察立即采取临时交通管制措施，引导车辆绕行并疏散出紧急救援通道。增援警力赶到现场后，在群众的协助下疏散人群，并把伤员转移到附近的安全区域。警察手拉手围起一道人墙，让伤员能够平躺下来。

同时，不少具有急救知识的人也加入其中对伤员进行急救。

警车和救护车将受伤群众分别送往附近的瑞金医院、长征医院、上海市第一人民医院和黄浦区中心医院。为了给抢救生命赢得时间，这些医院接到通知后，都启动了应急预案。据上海新闻办的消息，到今天下午 3 点，遇难人数增至 36 人，其中年龄最大的 36 岁，最小的 16 岁。47 名伤者中，目前有 7 名受伤轻微者已经出院。

（《上海踩踏事件遇难人数增至 36 人》，中央电视台《新闻联播》2015 年 1 月 1 日）

2014 年，我国农村民生改善取得重大进展，农村改革加快推进。在全年粮食产量“十一连增”的同时，农民收入又实现了连续 11 年快速增长，人均年收入首次接近万元。

这几天，山东胶州的农民正在忙着收获今冬的第一茬大白菜。早在几个月前，这批菜就被各地采购商预订一空。

过去农户都是分散种植，种出来的白菜品质参差不齐，一斤只能卖出几毛钱。近几年，胶州市引导农户转变经营方式，实行规模化种植和标准化生产。白菜品质上去了，卖出了好价钱，农民的收入也大幅增加。

（《我国农民收入连续 11 年快速增长》，中央电视台《新闻联播》2015 年 1 月 1 日）

以上两条消息在同一天的《新闻联播》中播出，一个是第二条，一个是第三条。从内容看可以说是一目了然，播报时绝不能表现出同样的“亲切感”。面对悲剧发生的场景和那么多年轻生命的逝去，播音员表达出真诚关切，才会引起受众的共鸣，才会让人感到亲切。而面对丰收景象，播音员由衷地高兴兴奋才会呼应丰收所带给人的愉快心理。如果我们都用同样的“亲切腔”，是不可能让人感到亲切的。

（二）把握好传受之间的关系，用心交流

交流双方关系不同交流方式也会有所不同，其亲切感的把握和呈现也会有差异。我们常说，受众是我们的朋友，传受之间的关系是平等的，但仅仅这么把握传受关系还太笼统，而且朋友关系也是多种多样的，有挚友也有诤友，所以我们还可以再具体些，比如可以从年龄角度、亲疏角度、职业特点角度等进一步把握传受关系，让我们的亲切感因人而异，合情合理，分寸得当。

我们一定要避免无论面对什么人都用一种一成不变的“亲切腔”、一种言不由衷的“热情”，那种“伪交流”“伪亲切”是要坚决摒弃的。

亲切感不是为了亲切而亲切，它没有固定的模式，需要传播主体依据具体内容和传播对象的特点进行具体把握。它与传播主体的理解感受有直接的关系，理解感受越深，表达得越真诚、越自然，亲切感也就越强。

以上我们对播音主持的语言特点进行了具体分析，“三性”“三感”的特点可以概括如下：规范性是指语言规范、清晰流畅；庄重性是指真实可信、落落大方；鼓动性是指情真意挚、爱憎分明；时代感是指胸襟开阔、鲜明跳脱；分寸感是指准确恰当、不瘟不火；亲切感是指亲切谦和、息息相通。

播音主持语言的这六个特点，内涵各有侧重，都担负着相应的职责，所以它们是具体的；同时，它们彼此又相互关联、相互交融，构成了播音主持语言特点的整体。播音主持语言特点的要求，来自广播电视语言传播的需要，体现在播音主持的具体实践中，可看作播音主持语言的一个基础性标准。当然、这个标准不是固定不变的，随着广播电视的发展，语言传播主体语言功力的不断提高，播音主持语言特点的内涵也将会不断丰富，层次也将会不断提高。

第三章　播音主持语言的文化功能

第一节　记录历史的文化功能

历史在被文字记载传承的同时，也被声音真实、鲜活地还原。声音对历史的记录，是一个文化互育、审美共享的过程；声音对历史的记录，不是静止的、割裂的，而是动态的、多维的；声音对历史的记录，是文化传播的音化过程中诸多要素的高度融合。

当中华文化成为时代的精神坐标，世界的关注对象——文化，这条源源不断的河流，以崭新的姿态成为重点建设项目，并被直接纳入国家软实力的范畴。有声语言的发展史是一部人类文化发展史，有声语言在不同的时代呈现出不同的特质，它记录了不同时代的历史声音，体现了不同时代的文化架构。

每个时代都有自己特定的声音标准，语言的发展是一部源远流长的睿智史书，语言传播发展的过程实质上就是文化要素生成与融合的过程。从口耳相传到电波传送，从舌战群儒到语结同心，从市语喧哗到大音希声，从华语自为到东西融合，我们的声音传播从凌驾走向人文，从通报走向引领，从传统走向现代，从民族走向世界！

一、播音主持语言用声音记录了历史

1940 年 12 月 30 日，中国共产党领导的第一座广播电台——延安新华广播电台建立。历史的触角延伸到今天，我国的播音事业已经走过了 80 年的光辉历程。从广播到电视，从话筒前到荧屏前，我们的声音构建装帧了一幅绵长的历史画卷，画卷中的林林总总都折射着我们时代语言的厚实和坚定。

革命根据地延安，在成立时发出了一个明朗响亮、振奋人心的声音：“延

安新华广播电台，现在开始播音……”这是我国第一位播音员徐瑞璋的声音，这声音代表着中国共产党的坚定豪迈，宣告了中国人民广播的诞生，标志着人民广播播音的开始。延安陕北的播音风格因为时代的需要，体现出摧枯拉朽、势不可当的气概，贯穿着爱憎分明、坚定豪迈的情感，同时又显现出稳健大度、朴素平易的气派。

1949 年 10 月 1 日，新中国成立。从和平建设时期到改革开放，可以说我们的历史在更迭变迁的同时，声音记录的形式和表达的样态也在不断与时俱进，与时代贴合，与受众靠近。

我国著名播音员齐越，在 1949 年开国大典上，和丁一以无比喜悦的心情连续播出了 7 个小时的庆典盛况，他们用声音向全世界的人民传递着中国的喜悦，用声音在历史的长卷中留下了光辉的印记。1949—1956 年，我国的广播事业迅猛发展，节目的形式日益多样，在抗美援朝战争中，齐越播出了《谁是最可爱的人》，他用声音鼓舞了志愿军的士气，感动了全国人民。声音的表达是一种文化的积淀、一种历史的再现，新中国成立初期的时代背景决定了需要有一种坚定的、鼓舞的、引导的声音出现，所以那个时期的播音员在话筒前对语言外化的表现，与当时的时代风格相吻合。

党的十一届三中全会以后，我国的播音事业进入了恢复、发展和创新时期。这个时期我们传递的声音更加鲜活生动，富有创造力。从第一批电视播音员沈力开始，我们对声音的呈现又有了更加多样化的渠道，声音依附于电视形象同时又作为一个独立的符号存在于广播电视发展的洪流中，声音形象因为电视文化的发展而变得更加立体丰盈。从 1983 年中央电视台第一届春节联欢晚会开始，中国的广播电视事业逐步开始向主持节目多样化、主持风格多元化、主持语言生动化迈进。

广播电视语言的生存发展状态，在反映观念变更的同时，实际上也暗合了人们文化心理的发展轨迹，反映了历史变迁中的社会认知，体现了时代主旋律的民族精神。改革开放 40 多年后的今天，我们倡导建立和谐社会，呼吁人性的回归，注重文化产业的发展，我们的有声语言也被赋予了新的历史使命，有声语言在体现“以人为本”的同时，还要真正承担起塑造文化精神、引领舆论导向、提升人文关怀、规范语言坐标的责任，在充分体现语言多样化的同时，提纯节目的播出样态，使得我们的声音在记录历史的同时，也被历史所珍视！

二、播音主持语言是对历史真实的记录

（一）坚持马克思主义新闻观，努力遵循真实性的原则

马克思曾对报纸所存在的问题提出尖锐的批评："少发些不着边际的空论，少唱些高调，少做些自我欣赏，多说一些明确的意见，多探讨一些具体的现实，多提供一些实际的知识。"此外，马克思对报纸编辑提出了明确的要求："更多地联系对政治状况的批判来批判宗教，而不是联系对宗教的批判来批判政治状况，因为这样做才更符合报纸的本质和读者的水平，因为宗教本身是没有内容的，它的根源不是在天上，而是在人间，随着以宗教为理论的被歪曲了的现实的消火，宗教也将自行消火。最后，我对他们建议，如果真要谈论哲学，那么最好少炫耀'无神论'的招牌（这就像一个小孩对一切愿意听他讲话的人保证自己不怕鬼怪一样），而多向人民宣传哲学的内容。我所说的就是这些……"马克思主义新闻观与马克思主义的核心精神一脉相承，是马克思主义世界观和方法论在新闻领域的具体反映，它包含了马克思主义理论对于新闻工作的性质、意义、作用、地位等的全面认识，是我国新闻工作者用于指导实践的有力武器。

"真实性原则"是马克思主义新闻观对新闻报道的基本要求，也是新闻采写、编辑、报道各环节都应掌握的基本规律。

播音主持工作是我国新闻事业的一部分，"播音创作也必须遵从新闻学的基本规律和原则"，因此，播音员、主持人必须在马克思主义新闻观的指导下，坚持真实性原则，反映客观事实的本来面貌，而不能随意更改、编造、杜撰新闻事实。

2008 年 5 月 12 日汶川地震发生后，中央电视台多个频道在滚动新闻中及时报道了地震情况，并在第一时间发布了各地的震感信息，使公众得以在第一时间了解真相，使真相跑在了谣言和恐慌的前面。截至 2008 年 5 月 14 日，共计 113 个国家和地区的 298 家电视机构转播或部分使用了中央电视台的节目信号。国外各大媒体对于中国地震灾情的报道也主要引自新华社、中央电视台、四川电视台等相关国内媒体。

地震发生后，在灾区交通中断、看不到电视和报纸、无法登录互联网的情况下，广播——尤其是中央人民广播电台——的声音成了灾区人民"生活的向导、工作的帮手和精神的支撑"。灾区老百姓依赖广播、信赖广播，不仅因为当时广播成了与外界联系的唯一手段，更因为广播所具有的权威性，而权威性的获得正是源于信息的真实、可信。播音员、主持人根据事实来描写事实，准

确地在第一时间把信息传达给受众。

从唐山地震3年后才披露死亡人数，“非典”疫情暴发时最初的迟报、瞒报，到2008年初抗击雨雪冰冻灾害时国内宣传机构的快速反应，再到汶川地震后中央人民广播电台、中央电视台等各大媒体24小时的连线直播，我们看到了改革开放给中国带来的巨大变化，也看到了改革开放给中国广播电视事业带来的挑战和机遇。广播电视在真实地记录一个日益开放、日益自信的中国的同时，也真实地记录下了自身的成长轨迹。2008年的广播电视语言传播，必将以其前所未有的迅疾、真实、公开、透明载入中国新闻发展的史册。

新闻真实性指的是在新闻报道中的每一个具体事实必须合乎客观实际。即表现在新闻报道中的时间（when）、地点（where）、人物（who）、事情（what）、原因（why）和经过（how）都经得起核对。新闻是“正在发生的历史”，作为新闻报道的最后一道工序，由播音员、主持人之口达于受众的播音主持语言，是在用声音真实地记录“正在发生的历史”。因此，在新闻报道中，坚持真实性原则不仅符合受众的要求、能够满足党和政府的需要，也是在继承《史记》的实录精神，以为能够给后人留下一部信史。

（二）播音主持语言对历史的记录是客观性与倾向性的统一

“客观性是指新闻报道必须以客观实际为本源，按照事物的本来面目来反映事物。它是新闻传播关系赖以建立的基本条件，也是影响新闻媒介信誉的重要因素。”作为一种报道原则，客观性总是与真实性紧密联系。新闻的客观性首先是报道的新闻事实客观存在，不能无中生有、凭空捏造；其次是表述方式的客观，报道者一般不直接在新闻中站出来发言，而主要“用事实说话”。

但是，受西方传播学、新闻学理论的影响，一些广播电视工作者认为：中国的新闻实践中意识形态的色彩太重，宣传的意味太浓，有悖于新闻真实客观的原则。而在2008年针对西藏打砸抢烧暴力事件的报道中，西方所谓的绝对客观，其实是用来掩盖其新闻报道政治性、经济性企图的幌子，是一种迷惑受众的手段而已。对于2008年3月14日发生在我国西藏拉萨的打砸抢烧暴力事件，CNN（美国有线电视新闻网）等媒体的报道令许多对西方传媒坚称的“客观性原则”存有幻想的人大失所望。为了渲染所谓的“中国政府镇压平民”，CNN在自己的网站上使用了一张描述拉萨街头解放军的军车驶向两名平民的图片，却隐去了旁边大约10名暴徒向军车投掷石块的部分；BBC网站在显眼位置登出标有汉字“急救”的救护车图片，配发的文字说明却是“在拉萨有很多军队”；德国NTV电视台也在报道中将尼泊尔警察抓捕藏人抗议者说成是“发生在西藏的新事件”……尽管从拍摄素材来说，这些可能是现场实际发生的情况，但这只是从整体中抽离出来的一小部分，无法反映整体的真实。从哲学的角度来分析，就是片面地看问题，会得出错误的结论。从这次报道可以看出，这些媒体就是执着于这样的片面，把片段区隔于时空背景之外予以无限放大，使整个事件的性质发生了颠覆性的变化。

“公正”是新闻报道必须持有的基本态度。中国共产党对于无产阶级新闻事业的政治主张毫不隐瞒，强调它不仅是党和政府的喉舌，同时也是服务于全体人民的舆论工具，承担着为党服务和为人民服务的双重职能。倾向性和客观性并不矛盾，而且我国的新闻事业，主要是在第一个层面上——新闻事实客观存在的层面上——强调新闻的客观性，强调倾向性与客观性的统一。“客观报道这一概念来自新闻的客观性，既是一种报道方式，又是报道新闻经常遵循的法则。客观报道是披露事实而不是直接说出媒体观点的新闻表达形式，包括内容客观与形式客观。内容客观是指新闻报道的是客观存在的事件，形式客观是指表现事件或记者的立场要通过选择事实和陈述事实的逻辑力量来实现，尽量不显露记者的观点。”作为中国的广播电视工作者，只有认清这个事实，才能够让自己不受错误思想的干扰，做好本职工作。

三、播音主持语言是对历史深刻的记录

一个民族如果失去了关于历史的记忆，这个民族便会失去灵魂。民族发展、民族强盛，需要历史的积淀，需要以史为鉴。要本着对未来负责的态度认真记录历史，因为这是民族繁衍生息的千秋大业。为了让后人更准确地了解今天，播音主持语言对历史的记录，不仅要具有真实性，更要具有深刻性。

（一）全局意识是播音主持语言深刻记录历史的前提条件

所谓全局，从空间上说其有广延性，是指关于笔体的问题；从时间上说其有延续性，是指关于未来的问题。邓小平曾经说：“考虑任何问题都要着眼于长远，着眼于大局，眼界要非常开阔，胸襟要非常开阔。”社会主义新闻事业的基本方针是为人民服务、为社会主义服务、为全党全国工作大局服务。讲全局、顾大局，是党对新闻事业的基本要求，也是每个传媒人所必须具备的政治品格。播音员、主持人是社会主流思想、主流文化的直接传播者，是具有巨大影响力的公众人物，要肩负起推动社会和谐发展的责任，就必须具有全局意识，并将全局作为创作活动的出发点和落脚点，准确把握新闻事件的来龙去脉，正确引导舆论，使传播效果达到最优化。

汶川地震使我们的国家蒙受了巨大的灾难，许多从一线回来的记者都坦言：灾区的现场是非常惨烈的。北京电视台记者马国颖回忆说：“我把目光聚集在废墟的一个局部，除了散落的课本、书包、文具，还有就是，与碎石烂瓦颜色差不多的，孩子们的身体……”成都电视台记者杨华回忆道：“挖掘机碰撞着断梁残砖咔咔作响；女人、孩子撕心裂肺的哭声撕扯着每个人的心；父亲执着地在废墟上翻动着，寻找仍埋在瓦砾中的孩子，眼神绝望得就像是丢了一件无望找回的贵重物品；老人静静地坐在遇难亲人的旁边，冷静得就好像灾难是远古发生的事……”相信这些回忆都是真实的，但电视画面没有过度渲染这样的场景。地震发生 32 分钟后，中央电视台新闻频道就开始了连续 24 小时的直播报道。整个直播报道使受众不仅感受到灾情的严重、救灾现场的紧张忙碌，更感受到党的坚强领导、政府的关怀体贴，尤其是中国人民在灾难面前所表现出的团结、自信、坚韧和勇敢。在真实报道新闻事件的同时，引导受众客观、冷静地面对灾难，树立起战胜困难的信心，极大地鼓舞了广大人民群众的斗志。这次成功的报道，体现出了媒体的责任意识，体现出了播音员、主持人的全局意识，并从实践的角度印证了一个道理：只有讲全局，顾大局，才能更准确地把握新闻事件，更深刻地揭露新闻本质，更好地达到宣传目的、实现宣传效果，更加凸显播音主持语言的舆论引导功能，为记录历史打下深刻的烙印。

（二）透过现象看本质是播音主持语言深刻记录历史的特色

马克思主义哲学告诉了我们如何认识和看待事物的现象和本质。任何事物都兼具现象和本质两面，外在的表现形式是现象，事物的内在属性是本质。现象表现本质，或正确或歪曲。这就要求我们要从感性认识逐渐上升到理性认识，努力透过现象看本质，这样才能得出正确结论。“引导舆论”是新闻事业的主要功能之一，新闻媒体只有在透过现象看本质的基础上才能有效地发挥引导舆论的功能。

2008 年 9 月中上旬，“三鹿问题奶粉事件”成为各大新闻媒体追踪的焦点。“三鹿问题奶粉事件”的爆发震惊了全国。党中央、国务院对这起食品安全事故高度重视。事件发生后，许多消费者都会关心这样的问题：“我们是否还需要继续喝牛奶？如果还喝，喝什么奶？”

10 月 22 日，中央电视台新闻频道的《东方时空》以“三鹿问题奶粉事件追踪”为题做了一期专题节目。在节目的结尾，主持人张羽说了这样一段耐人寻味的话：

无论是三鹿的企业接管问题还是赔偿问题，相信不久就会有一个结果。有人说，三鹿奶粉安全事故就像一场地震，引发了中国乳品业的全行业危机，更暴露出了食品安全领域的许多深层次问题，比如企业的良心问题、政府的监管问题、行业的发展模式问题等。我们都知道看病不能头痛医头、脚痛医脚，而要对症下药治疗病灶，那么，治疗这起奶粉安全事故的病也一样，否则，看好了“三聚氰胺”没准还有“四聚氰胺”。温家宝总理说，这次事件对整个食品安全都是一个警示。通过处理这件事情，我们要认真总结和反思，把食品安全工作进一步抓好，让坏事变成好事。

主持人张羽在说这段话时，表情凝重，语气平和。一开始他用“相信”这个词表现出对政府能公正有效地处理三鹿奶粉事件的信心，虽然只是一种猜测，但这种猜测是有理由的，因为在前面的节目中观众已经了解了党中央、国务院高度重视的态度以及彻查到底的具体情况：一是在全国范围内免费救治和筛查所有患病婴幼儿；二是立即封存市场上的所有问题奶粉，对事故原因和责任展开全面调查，同时也全面检验其他品牌的婴幼儿奶粉和乳制品，发现问题也将一律下架封存。张羽正是用这样一句平实的话语将这份信心传递给受众，在某种程度上给予了那些对中国乳品行业安全问题担忧的民众一份心灵的慰藉。

之后，他并没有单纯地就“三鹿问题奶粉事件”进行议论，而是打了个比方，将如何处理“这起奶粉安全事故”比作“治病”，提出的良方是要“对症下药”，既为相关部门提供了解决问题的思路，又让民众了解到处理此事件的根本在哪里，很好地发挥了新闻媒体的舆论监督作用。结尾处主持人张羽提到了“食品安全”，这样一个词语会使受众的关注点扩大，从对“三鹿问题奶粉事件”的关注转移到对整个“食品安全”的关注，通过“三鹿问题奶粉事件”的现象看到其本质，明确指出中国食品行业只有做好安全保障工作，消费者才能买得放心、用得放心、吃得放心。另外，“认真总结和反思”与“让坏事变成好事”形成呼应，给受众一个暗示，也许经历了“三鹿问题奶粉事件”后，整个食品行业会更加理性和成熟，日后会更认真、更负责地去对待消费者，这样，整个食品行业就真正变得安全了，也许坏事真的就变成了好事。主持人张羽通过这样一段真诚而又朴实的话语指出了“三鹿问题奶粉事件”背后更深层次的含义，透过现象看本质，通过合理的分析抚慰受众恐慌的心，还受众一份信心，有效地引导了舆论。

可见“透过现象看本质”是播音主持语言在信息传播过程中的特色，它不仅能准确地告知受众发生了什么，还能深入地告诉受众为什么会发生，在准确传播新闻事实的基础上，能够剖析出新闻背后更深层次的内容，实现引导舆论的功能，进而深刻地记录历史。

四、播音主持语言是对历史鲜活的记录

（一）“树立以人民为中心的工作导向”为播音主持语言指明了正确的创作方向

第一，“树立以人民为中心的工作导向”与马克思主义新闻观一脉相承。

马克思主义新闻观不仅包括马克思和恩格斯本人的新闻理论，还包括马克思主义经典理论家和新闻活动家列宁、毛泽东等人的正确的新闻经验总结和相关论述。

纵观党的宣传工作史，在每一个重要的历史时刻，毛泽东、邓小平等国家领导人都能审时度势，对社会主义新闻工作的性质、作用、特点提出一系列精辟的论断。早在新民主主义革命时期，毛泽东同志就提出我们的文化要走科学的、民族的、大众的路线，反对那些脱离生活和实际的现象；他要求从事宣传思想工作的人要努力当好人民群众的学生，让自己成为普通群众的忠实代言人。邓小平同志曾明确提出做好宣传工作的三个重要条件：结合实际、联系群众、批评与自我批评，并强调宣传工作者要始终不渝地面向广大群众，精益求精，奉献给人民的一定要是最好的精神食粮。

发展是最好的继承。新一届领导核心习近平 2013 年在全国宣传思想工作会议上发表重要讲话，他强调：“党性和人民性从来都是一致的、统一的。坚持党性，核心就是坚持正确政治方向，站稳政治立场，坚定宣传党的理论和路线方针政策，坚定宣传中央重大工作部署，坚定宣传中央关于形势的重大分析判断，坚决同党中央保持高度一致，坚决维护中央权威。所有宣传思想部门和单位，所有宣传思想战线上的党员、干部都要旗帜鲜明坚持党性原则。坚持人民性，就是要把实现好、维护好、发展好最广大人民的根本利益作为出发点和落脚点，坚持以民为本、以人为本。要树立以人民为中心的工作导向，把服务群众同教育引导群众结合起来，把满足需求同提高素养结合起来，多宣传报道人民群众的伟大奋斗和火热生活，多宣传报道人民群众中涌现出来的先进典型和感人事迹，丰富人民精神世界，增强人民精神力量，满足人民精神需求。”

马克思主义新闻观的根本原则是党性原则，而社会主义新闻事业的党性和人民的利益应该是一致的，党和政府的路线、方针、政策是人民利益、意志的体现，社会主义新闻事业也是党领导的人民的新闻事业，所以，新闻工作者只有密切联系群众，才能够及时了解群众的所思所想、所需所求，才能够切实地从人民的根本利益出发，真实生动地反映人民意愿，这既是对人民负责，也是

对党负责。可见，“树立以人民为中心的工作导向”既是马克思主义新闻观的内在要求，又是新闻报道真实性原则和群众性原则在当代的新体现。

第二，“树立以人民为中心的工作导向”是加强和改进新闻宣传工作的突破口。

十八大报告指出：“文化是民族的血脉，是人民的精神家园。全面建成小康社会，实现中华民族伟大复兴，必须推动社会主义文化大发展大繁荣，提高国家文化软实力，发挥文化引领风尚、教育人民、服务社会、推动发展的作用。”十八大报告还指出：“建设社会主义文化强国，必须走中国特色社会主义文化发展道路，坚持为人民服务、为社会主义服务的方向，坚持百花齐放、百家争鸣的方针，坚持贴近实际、贴近生活、贴近群众的原则，推动社会主义精神文明和物质文明全面发展，建设面向现代化、面向世界、面向未来的，民族的科学的大众的社会主义文化。”这些内容充分说明在中国日益推进社会主义文化强国建设的过程中人民才是一切工作的中心。

经济建设是党的中心工作，意识形态工作是党的一项极重要的工作。习近平非常重视巩固马克思主义在意识形态领域的指导地位，尤其是在宣传思想工作领域。新闻宣传工作者一定要坚持党性原则，站稳政治立场，坚持正确政治方向，坚定宣传党的理论和路线方针政策、中央重大工作部署、中央关于形势的重大分析判断，坚决同党中央保持高度一致，坚决维护中央权威。与此同时，习近平指出新闻宣传工作要树立以人民为中心的工作导向。坚持人民性，就是要把实现好、维护好、发展好最广大人民的根本利益作为出发点和落脚点，坚持以民为本、以人为本。

新世纪新阶段，随着生活节奏的不断加快、受众审美水平的不断提升，人们对媒体的要求也在不断提高。人们希望通过广播电视大众传媒了解各方面信息，开阔视野，增加知识，愉悦心情。为很好地满足受众对媒体的期盼，各媒体就要努力改善传播效果，改进广播电视新闻宣传方式，提高新闻报道的吸引力和感染力。“树立以人民为中心的工作导向”为新闻宣传工作找到了改进的方法和方向。

播音员、主持人要“树立以人民为中心的工作导向”，并把“以人民为中心的工作导向”作为增强播音主持语言感染力的突破口。一方面深入社会生活，密切同人民群众的联系，与人民群众产生情感上的共鸣，树立真诚的服务意识；另一方面还要运用好语言表达技巧，从语言表达方式上进行改进，了解、熟悉、学习群众的语言，增强新闻报道的针对性、时效性和吸引力、感染力，真实、准确、生动地反映社会生活动态，积极、主动、热情地疏导、引领群众的思想朝着正确、健康的方向发展，使媒体舆论更加符合客观实际，更加符合人民群众的愿望，使播音主持语言更加富有鲜活的时代气息和生活气息。

（二）鲜活地记录历史的有效创作途径

播音主持语言在广播电视传播中的作用，主要可以概括为，“传递信息，体现态度，揭示语义内涵，表明思想实质，即帮助受众了解和认识社会的作用；传达感情，吸引感染受众，即鼓舞、教育、激励受众的作用；规范美化语言，即语言表达的审美示范作用”。更好地发挥这些作用，使其更好地服务于人们的社会生活、服务于党和国家的工作大局是当今播音主持语言的重要目标。坚持党性和人民性，不仅准确生动地体现了播音主持语言的性质、目的、任务和特点，更为播音主持语言提供了有效的创作途径，增强了播音主持语言的吸引力和感染力，使其更为生动、具体、鲜活。

如上所述，播音主持的根本属性是新闻性，播音员、主持人要通过有声语言的创作把党的纲领、路线、方针、政策等及时、准确、全面地传达给广大受众；另外，播音员、主持人在广播电视中又是“上传下达”的中介，是联系党和人民的桥梁纽带，在传达党的主张的同时，还要倾听人民心声，反映人民的意愿，承担起疏导公众情绪的社会责任，并积极主动地引导正确舆论，营造良好的主流舆论环境，维护社会的安定团结。总之，教育、鼓舞广大人民群众是播音主持语言传播的关键。那么，如何达到预期的传播目的，优化广播电视语言的传播效果呢？直接面向受众的播音主持语言，成为所有创作环节的关键。

要想达到最佳的传播效果，首要的就是所做的节目要使受众喜闻乐见、乐于接受。播音主持语言具有规范性、庄重性、鼓动性、时代感、分寸感、亲切感的特点，将“树立以人民为中心的工作导向”作为创作途径，会使播音主持语言凸显固有的特点，从而更为生动和鲜活。首先，“树立以人民为中心的工作导向”要求播音员、主持人深入到人民群众的社会生活实际当中，一切从实际出发，而事实是最为生动、具体的，也是最有说服力的。其次，“树立以人民为中心的工作导向”，还要求融入火热的现实生活中，而生活是丰富多彩的，是最有感染力的。最后，“树立以人民为中心的工作导向”要求密切联系人民群众，而人民群众是有血有肉、有思想有情感的，是最有创造力的。因而播音员、主持人贴近他们，与他们产生的血肉联系当然是活泼的，对他们思想和感受的反映、对他们身边事例的报道，当然也是生动鲜活的。深受受众喜爱的节目，无不是深入了实际生活，体现了群众的意愿，说出了群众想说的、想听的话，讲出了群众能懂的话，满足了受众深层的心理需求的。

“没有传播主体与文本主体和接受主体间的思维的撞击和心灵的震荡也就没有产生深刻、独到情感和见解的表达基础。”播音员、主持人只有贴近实际、贴近生活、贴近群众，才能在表达中情动于衷、有的放矢。除此之外，汉语的历史源远流长，中华五千年的文明深深融入了语言的骨髓之中，一个普通的词语也许就是由一段历史演变而来的，一个语法规则形成的背后也可能有着深刻的文化原因。我们甚至可以这样说，中华文明之所以能够没有中断地延续下来，很重要的一个原因就是汉语一直流传至今。

作为一种表意符号，汉语表达方式多样、语法规则复杂多变、词汇丰富，追求“言有尽而意无穷”的审美境界，富有浪漫色彩。正因为如此，根植于汉语肥沃土壤之中的播音主持语言自然而然地也就拥有了这样的特点，播音员、主持人在使用语言时，不仅是在传递信息，也是在完成一次有声语言的艺术创作，有着审美范畴的意义和追求；同时也把播音主持语言本身所负载的艺术形式与内容在潜移默化间传播了出去。这也正是播音主持正确创作道路强调我们的创作要“达到恰切的思想感情与尽可能完美的语言技巧的统一，达到体裁风格与声音形式的统一，准确、鲜明、生动地传达出稿件的精神实质”的原因。所以说，播音又是一项艺术创造活动，艺术是生动的，是富有独特魅力的，是具有表现力和感染力的。

要创作出让老百姓喜闻乐见、喜闻乐听的节目，不仅要体现内容的巨大张力，还要体现形式的审美意趣，用民族的表达形式体现民族的精神内容。中国人对美的认知，强调端庄、含蓄、质朴、自然。在长期的语言实践中，无论是有稿播音，还是无稿播音，播音员、主持人都以追求内容和形式的统一为目标，使语言表达具有民族风格和民族气韵，以此来满足中国人的审美习惯。

“以中央电视台《新闻联播》、中央人民广播电台《新闻和报纸摘要》这样的重点新闻节目为代表的新闻播报，继承和发扬了中国气派的新闻播音风格，以其庄重大气、稳健有力的播音，在重点新闻节目中独占鳌头。在改革开放的40多年间，它们用真实的声音体现着我们的民族精神，用质朴的表达诠释着我们的民族风格。对海外播出的《中国新闻》以新闻主播积极振奋的投入状态，明朗快捷、练达自信的播报，彰显改革开放进程中中国人民的精神风貌及日新月异的变化。”

张颂认为，“播报”的语言样态为“字正腔圆、呼吸无声、感而不入、语尾不坠、语势稳健、讲究分寸、节奏明快、语流晓畅”。

具有中国作风、中国气派的新闻播音风格的形成，是播音员遵循正确创作道路、充分发挥“有稿播音”优势的结果，是播音员站在无产阶级党性和党的政策的立场上，以新闻工作者特有的敏感，把握国内外形势的发展变化和人民群众的思想实际，准确及时、高效率、高质量地完成“理解稿件—具体感受—形之于声—及于受众”的再创作的结果，是内容与形式完美统一的最好例证。

艺术来源于生活又高于生活。作为语言艺术创作者，播音员、主持人应该关注朴素平凡的生活细节，聚焦丰富多彩的生活场景，融入火热的生活进行创作，让来源于生活的艺术美感，真正触动受众的心弦。同时要提高语言传播质量，优化语言传播效果，真实、准确、生动地反映社会生活的发展进步，鲜活地记录当代的历史。

第二节　标识时代的文化功能

一、标识时代是播音主持语言的重要特征

（一）实事求是、与时俱进是播音主持语言发挥时代标识功能的理论依据

马克思主义新闻观的根基牢牢地扎在马克思主义理论的肥沃土壤中，实事求是是马克思主义新闻观的理论精髓。

对于播音员、主持人来讲，马克思主义新闻观为其提供了理论上的指引。在具体的工作实践中，我们又应该遵循什么样的原则来处理实际问题呢？新闻宣传必须坚持党性原则，因为党性和人民性是一致的、统一的。坚持党性，核心就是坚持正确的政治方向，站稳政治立场，坚定宣传党的理论和路线方针政策，坚定宣传中央重大工作部署，坚定宣传中央关于形势的重大分析判断，坚决同党中央保持高度一致，坚决维护中央权威。新闻宣传还应该坚持实事求是的原则，因为实事求是原则是马克思主义哲学的理论精华，是马克思主义者用来指导一切实践工作的总的方法，要坚定不移地运用到实践中去。坚持“实事求是”的原则，并在工作中认真处理好一系列的关系，才能够真正地践行马克思主义新闻观，准确把握时代的脉搏，唱响时代的最强音。

在过去的工作实践中，的确存在着只重视宣传功能，轻视服务功能的倾向，甚至将舆论引导与服务群众对立起来。认为只要领导们认可满意就行了，至于群众爱不爱看、想不想看并不重要。久而久之，有些播音员、主持人形成了固定的套路，表情动作僵化，板起面孔教育人，群众反映电视节目不好看，新闻

“官气”太重，不吸引人。是不是说这样的局面就无法改善了，舆论引导就一定无法和服务群众结合起来呢？事实当然不是这样。提倡舆论引导的出发点就是要在全社会的范围内弘扬正气、弘扬爱国主义精神、弘扬先进的文化，站在群众的立场上，营造团结一心、积极向上的氛围。广大人民群众对党的方针政策，特别是与自身息息相关的政策有强烈的了解、把握的欲望。作为新闻工作者，一要认真贯彻“以人为本”的理念，想群众之所想，急群众之所急，“实事求是”地反映老百姓的心声；二要“与时俱进”地不断学习、理解党的政策，深入、具体地解读党的政策，挖掘新闻的内涵，了解群众的需要，强化服务群众的意识，将人民群众的呼声、意见及时地反映出来，积极主动地帮助群众解决问题。比如近些年来一大批民生新闻栏目涌现出来，它们将关注的焦点放在普通老百姓身上，用灵活多样的表现手法将一个个鲜活的新闻事件展现在大家面前。

在帮助群众了解新闻事实的同时，还要对新闻事件做深刻剖析，将舆论引导与服务群众的职能有机地结合起来，及时准确地反映时代、表现时代。另外，改革开放以来，伴随着传媒技术的突飞猛进，我国的新闻事业实现了长足进步，新闻工作者也始终伫立潮头，与时俱进，不断以饱满的工作热情创造了一个又一个奇迹，如港澳回归、新中国六十华诞、奥运会和世博会的精彩报道，以及汶川、玉树、舟曲等重（特）大突发灾难的应急报道，等等。在这些大的直播报道中，主持人不仅及时传播了事实信息，还正确地引导了社会舆论，充分展示了播音主持语言标识时代的独特功能。

（二）播音主持语言的新闻性和时代性

正如张颂在《中国播音学》一书中所阐述的：“播音，既具有自然属性（如声音的传播，形象建立的物理、生理属性，以及传播的特性等），又具有社会属性（如播音创作中的党性原则，民族、时代、阶级、社会等因素的限定）；既具有新闻属性，又具有某些艺术的特征……”与日常生活中的言语活动不同，播音主持语言是新闻工作的组成部分，具有鲜明的新闻属性和时代属性。播音主持语言之所以要承担标识时代的使命，是因为遵从了播音主持的正确创作道路，即站在无产阶级的党性和党的政策的立场上，以新闻工作者特有的敏感，把握国内外形势的发展变化和人民群众的思想实际，准确及时、高效率、高质量地完成“理解稿件—具体感受—形之于声—及于受众”的创作过程，以积极自如的话筒前状态进行有声语言的创作，达到恰切的思想感情与尽可能完美的语言技巧的统一，达到体裁风格与声音形式的统一，准确、鲜明、生动地传达出稿件的精神实质，发挥广播电视教育和鼓舞广大人民群众的作用。

对于播音员、主持人而言，立足于无产阶级党性和党的政策的立场，就是要密切关注国内外形势的最新变化，紧跟人民群众的最新思想动态，第一时间、高质量、高效率地反映时代的最新动态，表现时代的主流精神，达到教育和鼓舞大众的目的。播音员、主持人在创作过程中的言语活动，除要反映创作主体本身的意愿、想法之外，更多地是要考虑稿件本身的内容，甚至是整个时代和社会背景的丰富内涵；作为各级广播电视机构面向受众的最后一个环节，播音员、主持人的语言内容不仅代表了电台电视台的形象，甚至还代表了党和国家的意志，所以播音主持语言必须具有规范性、庄重性和鼓动性。同时播音员、主持人还肩负着传播党的方针政策与最新的形势变化信息的任务，因此播音主持语言还应具有时代感、分寸感与亲切感，做到让受众喜闻乐见、富有时代气息。今天，中国共产党在实践探索之中已经给这段表述增添了更为丰富的内容，“树立以人民为导向的工作原则”等新经验、新认识的总结，将社会主义新闻工作与时代和社会生活现实更紧密地联系在一起，作为党和政府的喉舌，播音员、主持人有责任、有义务从时代出发，从生活出发，去发掘当下最优秀、最有代表性的精神与文化，并将这种文化普及开来，最终达到鼓舞群众、服务群众的目的。

（三）播音主持语言承担着标识时代的历史使命

每一个时代都有每一个时代特有的声音。在不同的历史时期，播音员、主持人紧紧围绕党对新闻工作的理论指导，在宣传先进文化，教育鼓舞广大群众方面做出了巨大的贡献；在反映时代生活，引领时代思潮方面发挥着重要的作用。从最初延安新华广播电台的一枝独秀，到新中国成立后以中央人民广播电台为代表的电台的百花齐放，再到新时期的广播电视大发展，播音员、主持人始终处于新闻宣传工作的一线，留下了一大批群众耳熟能详、富有时代气息的经典播音主持作品。近几年来，我们的播音员、主持人更是把目光投向社会生活的方方面面，努力发掘新题材、新形式，创作出了一系列优秀的播音主持作品，成为群众心中不可磨灭的时代记忆。从香港、澳门回归祖国到神舟十号上天，等等，每一件具有历史和时代意义的大事中都留下了中国播音员、主持人的声音，极大地鼓舞了全国人民的士气，提升了民族凝聚力，为全国人民团结一心和建设社会主义和谐社会做出了巨大的贡献。

如今我们身处经济全球化的时代，播音主持语言作为中国与外部世界沟通的桥梁，作用越发突出和明显。随着中国影响力的不断提升，越来越多的人开始学习、了解中国文化，活跃在广播电视第一线的播音员、主持人成为重要的示范窗口，如何通过我们的声音将中华民族最优秀、最值得骄傲的文化介绍给世界，进一步提升中国的国际形象，扩大中华文化的影响，将是时代留给我们的又一道崭新命题。

中国的播音主持自诞生以来，始终与时代紧密相依，忠实地履行着标识时代的历史使命。在具体工作中，我们只有更加细致地观察社会生活，了解群众的需求与喜好，同时不断磨砺自身，提高业务水平，牢固树立以人民为中心的工作导向，把服务群众同教育、引导群众结合起来，把满足需求同提高素养结合起来，才能创作出感动人、鼓舞人的播音主持作品，更好地完成播音主持语言标识时代的历史使命。

二、大力弘扬科学、开放、创新的时代精神

（一）时代精神的内涵

播音主持语言要发挥标识时代的作用，首先要搞清楚一个问题：我们到底要弘扬些什么？标识些什么？只有搞清楚了对象的问题，我们的工作才能够有的放矢。通常我们说播音主持工作要“传播科学真理，宣传先进文化，塑造美好心灵，弘扬社会正气，倡导科学精神”，就是要树立良好的风气，提倡和宣传有代表性的、先进的文化与科学观念，而这一切归纳起来就是我们通常所说的时代精神。

时代精神最初由德国著名哲学家黑格尔提出，他认为，“政治史、国家的法制、艺术、宗教对于哲学的关系，并不在于它们是哲学的原因，也不在于哲学是它们的依据。毋宁这样说，它们有一个共同的根源——时代精神”。他认为时代精神是催生一切文化的根源，是绝对精神在每一个历史时代的体现。但这并不意味着哲学是时代精神的全部内涵。今天，我们以一种更加宽广的视野来看待时代精神，赋予了它更加多元的含义。

我们今天所探讨的时代精神是对一个社会在特定一段历史时期内精神生活的总的概括。它源自对上一个时代精神的扬弃；同时又融合了在当代社会实践中总结出来的，反映未来社会发展方向，具有典型性、先进性，为社会大众所广泛接受的思想观念、道德规范、行为准则和价值取向的集合，是一个社会精神面貌的综合体现。

（二）时代精神的特点

一是时代性。每一个时代都有每一个时代独特的精神内涵，这是由人类历史与文化的时代性所决定的。人类社会自产生以来共发展出奴隶制、封建制、资本主义和社会主义四种社会形态，每一种社会形态又分为若干阶段。不同社会形态的社会结构、意识形态、生产关系都各不相同，将人类历史一段一段划分开来，形成了历史的不同时代。同样，因为地域、环境、历史发展脉络等的不同，人类的文化发展也同样呈现出地域性与时代性的特点。文化与社会形态发展共同作用，形成了时代精神的时代性。

二是延续性。尽管每一个时代都拥有自己的时代精神，但它们彼此并不是割裂开来独立存在的个体，反而拥有一脉相传的密切联系。因为人们本身无法精确地将一个个时代划分开来，所以我们也无法准确地将不同时代的精神加以彻底地区分。每一个时代精神都是对上个一时代精神继承与发扬的产物，同时也必将是下一个时代继承与发扬的对象。

三是共同性。在人类文明不够发达的时代，由于地理条件、科学技术手段等的限制，不同地域的人们无法进行直接的交流，因而人类的文明拥有鲜明的地域特色。进入现代社会之后，随着科技的进步，整个人类范围内的交流与接触开始增多，文明的发展也逐渐呈现出同步性和关联性的特点。以往局限于单个社会的时代精神开始具有人类共同性的特征。时代精神开始超越国籍、人种、地域，具有泛人类的共同性。

四是先进性。之前我们说过，时代精神是反映未来社会发展方向，具有典型性、先进性，为社会大众所广泛接受的思想观念、道德规范、行为准则和价值取向的集合，因此自然而然地就具有了先进性的特点。正如我国当代哲学家庞朴先生所说：“文化的时代性内容中，那些代表历史进步方向的内容，形成时代精神。”

五是实践性。时代精神绝不是某个理论家或空想家在书斋中臆想出来的，相反其来自人类最基本、最普遍的社会实践，渗透于社会生活的各个层面。只有当某种精神普遍地存在于社会实践过程当中，为大家所接受，同时符合我们之前所描述的种种特征时，才能够被称为时代精神的组成部分。

六是变动性。不仅时代与时代之间没有明显的界线，甚至在一个时代内，社会也处在永无止境的变化之中。人类的实践活动一天不停止，从实践中总结提炼时代精神的工作也就一天都不会停止。时代精神永远处在变化和发展中，具有吐故纳新的机能与活力。因而，我们甚至无法用语言来描述时代精神当中到底有哪些内容，只能够通过类比和参照来抓住一个时代精神的主要特征，以此来帮助我们了解时代精神的精髓。

（三）科学、开放、创新是当下时代精神的最主要特征

一是科学精神。科学和真理一直是人类探索和追求的目标，因此无论在哪个时代，科学精神都是时代精神不可或缺的组成部分。而中国共产党人更是在不断总结经验教训的基础上，将科学精神用于指导社会生活的各个方面。随着人类社会的发展，人口与资源环境的矛盾越来越突出，一方面是人类的物质文化需求越来越多；另一方面是我们可以利用的自然资源越来越少。我们的任何一项工作都要考虑到未来的前景，考虑到自身的发展对身边环境和相关行业的影响，站在全局的角度看待问题，做出科学的决策。

二是开放精神。中国实行改革开放已有40多年，应该说每一个经历了这个过程的中国人都能够体会到打在中国当代精神上的深深的开放烙印，也能够理解为什么开放精神是当下时代精神的重要内容。40多年来，中国发生了翻天覆地的变化，我们的综合国力不断提高，我们的国际影响力日益扩大。应该说，我们取得的每一个成功、每一个进步都直接或间接地得益于打开国门、拥抱世界的举动。而事实也在向我们证明：在当今崇尚交流与沟通的世界，唯有相互学习、相互借鉴才是保持前进的不竭动力。

三是创新精神。中国是一个有着悠久历史的国家，在不断发展前进的过程中，历史留给我们的积淀既是一笔宝贵的财富，有时又是阻碍我们前进的羁绊。怎样有选择地继承和发扬传统文化是摆在所有中国人面前的一道命题。中国共产党人很早就意识到了这一点，因而提出了“探索有中国特色的社会主义道路”的观念。“中国特色”即指我国独有的国情与文化；“社会主义道路”则是中国人民做出的历史性选择。面对一条从来没有人走过、没有任何经验可以借鉴的发展道路，我们拿出了百倍的勇气，高举着创新的大旗，一方面在理论的指导下归纳总结实践工作中的经验教训，另一方面又用这些经验教训来对过去的理论体系进行补充、修改，使它们始终和时代保持一致。我们提出的“一国两制”的构想解决了香港和澳门的回归问题；我们用和平谈判的手段解决了与邻国的领土争议，为世界树立了典范。中国人民的伟大智慧在新时代创新精神的指引下，必将创造出更多的奇迹与辉煌。

四是科学、开放、创新的辩证统一。综上所述，科学、开放与创新是当下时代精神的最主要特征，这三个特征之间并非互不关联、相互割裂的个体，它们之间充满了辩证唯物主义的智慧。一切的开放与创新都要将科学性作为基本

标准，避免盲目、片面、急躁的情绪；同样，在立足于科学的前提下，我们要想尽一切办法对现有的制度、思维、技术进行创新，要敢于引进别人的先进经验，同时也不吝于将自己的经验教训与他人分享。片面地固守其中一点，要么落入畏首畏尾、故步自封的窠臼；要么掉进急功近利、妄自菲薄、夜郎自大的陷阱。只有辩证统一地对待三者，把握好开放的尺度、端正态度、迈好创新的步子，我们的事业才能够一帆风顺，再创新高。

三、努力塑造时代的最强音

前面着力分析了播音主持语言的历史使命、其标识时代的理论依据与所要宣传弘扬的主要内容。但是在实际操作中这些不同层面的内容并不容易统一起来，反而很有可能会分不清主次、抓不住重点，从而顾此失彼，因小失大。因此，将三者统一到一个维度内综合地加以分析说明，让其成为一个有机整体，就是一件很有必要且有意义的工作了。

对于播音主持语言来说，根本属性是无产阶级的党性原则；根本任务是服务群众，传播先进文化，弘扬时代精神。从具体操作层面来讲，我们不仅要对内宣传鼓动，还要对外展示形象风采；但在工作的过程中，我们要时刻牢记自己的中国特色和无产阶级特色，无论任何时候都站在这个出发点上看问题。随着国际交流的日益深入，东西方之间的了解和沟通大大加强，有些人看到国外并没有播音主持语言或播音主持专业后，就对中国自己的语言规则失去了信心，觉得与国外不在一个话语空间内，继而对自己的工作价值产生怀疑，以致自觉不自觉地接受了西方灌输的思想，以别人的话语方式讲起话来。更有甚者，还用这样的话语方式来履行对内宣传的职责，造成了群众思想的混乱。殊不知播音主持语言正是我们最大的特色与优势所在，它扎根于五千年辉煌灿烂的文化土壤之中，是一朵富于文化价值与艺术价值的奇葩；放眼世界，有哪个西方国家将播音主持的语言提升到审美空间的高度来理解，又有哪个国家拥有像中国这样多的具有历史价值和艺术价值的播音主持作品？对于那些对中国不甚了解的西方人来讲，接触之初的不理解甚至怀疑都是很正常的；对于那些因文化背景、思维方式的不同而产生的误读也不必大惊小怪。作为一名中国的播音员、主持人，用富有中国特色和艺术韵味的播音主持语言去感染他们，让更多的人了解中国、了解中国文化，本就是工作职责所在。倘若一味地妄自菲薄，忘记了自己所代表的文化，丢掉了自己赖以生存的话语方式，就会像无根之木、无源之水，找不到自己的位置，从而迷失在文化的夹缝中。

不仅对外如此，对内也是如此。现在许多人有感于我们优秀传统文化的流失、精神家园的荒芜，惊呼中国人已经快要丢掉延续五千年的文明了。诚然这种局面的造成有“十年浩劫”这样的客观原因，但是面对这种危机我们必须做点什么。发掘传统文化，实现文化复兴绝不意味着在故纸堆里挑挑拣拣，让“辫子”“长袍”再回到我们身上，而是立足于现在的社会实际，在广泛吸收、借鉴国外先进经验的基础上，以创新的精神、开放的理念、科学的态度去寻找、发掘优秀传统文化与时代精神的结合点，完成形式与内容的双重创新，让古老的文明重新焕发光彩。实际上，在我们身边就有这方面的范例，如以《百家讲坛》《中国成语大会》《汉字英雄》《最爱是中华》《中华好诗词》等为代表的一批电视栏目，在传统文化和现代电视传播手段的结合方面做出了有益的尝试。

播音主持语言是对时代最及时、最准确、最深广的表达，时代的点滴变化都会得到播音主持语言的表述和阐释。中国经济在世界经济大潮中起伏，大众传媒以播音主持语言为载体，参与中国政治、经济和文化的建设。身处时代当中，要做到超越时代是不可能的，播音主持语言应力求把握时代的脉搏，与时代紧紧融合，标识时代，奏响时代的强音，让世界能够清晰、准确地了解中华民族的世界观和价值观，从而实现标识时代的文化功能。

第三节　文化传承的文化功能

一、文化是一个民族的灵魂与根基

天行健，君子以自强不息；地势坤，君子以厚德载物。古老而悠久的中华文化激励着中华民族生生不息，繁衍至今。厚德载物的气质造就了中华文化博大精深、兼容并蓄、自强不息的品格，为中华文化带来了蓬勃的动力，使中华文化引领中华民族伫立于世界民族之林，中华文化是中华民族的灵魂和根基。

“民族也称国族，指的是一群人觉得他们自己是一个被历史、文化和共同祖先所联结起来的共同体。特质可能包括地域、语言、宗教、外貌特征或共同祖先，也包括‘主观’的特质，特别是人们对其民族性的认知和感情。”在关于民族定义的要素中，语言、地域固然重要，但并不一定是一个民族形成与发展的决定性要素。以近现代为例，昔日大英帝国的国民，包括加拿大、澳大利亚、新西兰、印度、南非等英属殖民地区的居民，他们虽然有着共同的语言（英语）

和共同的经济生活，但是他们从不把自己称为不列颠民族。

钱穆认为："文化只是人类集体生活之总称，文化必有一主体，此主体即民族。民族创造了文化，但民族亦由文化而融成。"他还指出："中国的民族观实为一种文化观，以文化来统摄和融凝民族国家的民族文化观，不仅是中国民族的特质，也是最契合民族和文化本质的。"我们认为，中华文化是中华民族形成与发展的灵魂与根基，离开中华文化，中华民族便无从谈起。那么中华文化的基础地位是如何体现出来的呢?

刘梦溪认为："一个民族的文化既包括传统社会的文化现象，即传统文化，又包括传统文化背后的精神连接链，即文化传统。"也就是说，中华文化包括中华民族传统文化与文化传统两方面的内容，这两方面内容构成了中华文化的精髓。在这里，中华传统文化指中华民族传统社会的文化，是一个历史纵向的概念，具体应该指晚清以前的中国传统社会的文化。中华民族的文化传统是指传统文化背后的精神连接链，是传统文化中所蕴含的规则、理念、秩序和信仰，是一个横向的、精神层次的概念。

中华民族的传统文化是证明其曾经存在的名片，是中华民族得以存在的基础。如果传统文化遗失，中华民族的历史将被遗忘，中华民族便将失去发展前进的根基。中华民族的文化传统是其信仰的支撑，是中华民族得以存在和发展的灵魂。中华民族文化传统的消失，也就意味着中华民族的消亡。

至此，我们可以得出这样的结论：是中华文化引领中华民族在世界民族之林中生存、发展；由中华民族传统文化和文化传统组成的中华文化是中华民族生存和发展的灵魂与根基。正像钱穆先生所阐述的："民族之传承，国家之创建，胥皆'文化'演进中之一阶程也。故民族与国家者，皆人类文化之产物也。"

二、传承民族文化是一个民族自身发展的不竭动力

几千年的文明曾使中国领先于世界，然而一度的"闭关锁国"政策和落后的生产关系，使中国社会的发展远远落后于整个世界。西方列强的坚船利炮惊醒了沉睡的雄狮，从此无数知识分子为改变备受欺凌的现状，不断地从文化的角度入手对本民族的传统进行反思，并由此引发了民族主义思潮的急剧高涨和中西文化孰优孰劣的论争。在推进"科学、民主、进步"的同时，毋庸讳言，我们也付出了沉重的文化代价。中国的传统文化和文化传统于狂飙突进的呐喊声中，几度经历被全盘否定的命运。中国人身上的传统文化的痕迹越来越少，甚至到了绝迹的地步。正像时任香港中文大学校长金耀基先生在谈到中国文化

的现代命运时所说，“二十年代不想看，八十年代看不见”，中华文化处于一个前所未有的尴尬境地。

回首往昔，一次次民族文化劫难使越来越多的人认识到：一个民族的振兴与发展，绝不能以牺牲自身的文化为代价。相反，传承民族文化、多元文化兼容并包，才能使一个民族在坚实、厚重、肥沃的土壤上自生、自立、自强。

（一）民族文化的“承”与“传”

中华文化是中华民族的灵魂与根基。守住民族的灵魂，夯实民族的根基，需要我们将中华文化发扬光大，“发扬光大”便是指在继承的基础上，不断地传播、创新、弘扬、发展。

钱穆先生认为，在“民族融合”“国家凝成”方面“大半要归功于其民族之德性与文化之内涵”。由此可见：基于历史背后的中华民族的文化精神，是民族文化认同的重要体现，是民族存在的前提，是民族发展的牢固基石和不竭动力。因此，对于历史留下的民族文化传统与传统文化之精神内涵，我们必须要坚决继承。

但是，继承并不意味着故步自封、因循守旧，而是要去粗取精、去伪存真，取其精华、去其糟粕，锐意创新与发展。我国著名学者余英时认为：“文化不仅是继承以往的成绩，还需要每一代人必须不断地‘温故知新’‘推陈出新’，文化创造没有捷径可走。但是培养和提高‘趣味’，则永远是开创新文化的始点。”由此可见，“继承”的目的恰恰在于创新和发展，旨在取得民族文化身份认同的基础上，重建民族的文化传统，于“温故知新”的基础上“推陈出新”，使中华文化不断地发展壮大。

民族文化的继承与发展是一个动态的过程，是一个代代相传的过程。“传”的过程离不开传授与传播，传授与传播是民族文化传承的关键点，是民族文化传承的重要途径。民族的物质与精神文化遗产将民族的传统文化延续至今，民族的文化传统通过文化传播的途径得以发扬光大。这其中教育与媒体发挥了举足轻重的作用，它们通过积极渗透优秀的民族文化精华，去感染和熏陶大众，在“传播—接受”的过程中，培育民族精神，传承民族文化。

（二）传承民族文化符合国际化与现代化的需要

中华民族正处于加速国际化和现代化的进程当中，既在国际化进程中吸取异质民族文化的优秀成分，同时又能够在现代化发展中保持中华民族的自我独立性，是一个不小的挑战。

首先我们认为：传承民族文化是民族文化重建的需要。克拉孔曾指出，“一个社会要想从它以往的文化中完全解放出来是根本不可想象的事。离开文化传统的基础而求变求新，其结果必然招致悲剧。中国文化重建的问题事实上可以归结为中国传统的中心观念在现代化的要求之下如何调整与转化的问题。这样的大问题自然不是单凭文字语言便能完全解决的，生活的实践尤其重要。但是历史告诉我们，思想的自觉依然是具有关键性的作用的”。因此，自觉深入地思考中国文化的重建问题，显得相当重要和迫切。中华民族要想更加长远地发展，需要重建民族文化。重建的过程，即传承的过程。

另外，传承民族文化是包容外来文化的需要。“唐代文化之所以博大精深，就和大胆吸收西域文化、旧传统中融入了异质的新成分有直接关系。其实这一过程就是更新的过程，是缓慢的、渐进的过程。因此也可以看作一种文化的濡化过程。这种濡化过程一般不会引发激烈的冲突，也不会破坏既存的文化秩序。但这需要文化主体极其强大，有自信力和包容精神。”

在加速国际化的进程中，必然要应对外来文化强有力的威胁与侵袭；在推进实现现代化的过程中，自身的传统文化也必然要经受现代主流文化（主要指西方文化）的冲击与考验。民族文化只有足够强大，才会有足够的自信力和包容精神，才会在传承中不断地完善和发展。

中华民族有着泱泱五千年的璀璨文明，有记载的历史三千年，而真正和平的日子不过短短二百多年。古老的民族饱经风霜，遭遇了太多的苦难和挫折，也收获了难得的坚韧、稳健、从容、平和。这来源于坚定地走向世界的文化自觉；来源于博大的包容性，包容古今，融汇东西，无论多么强悍的外敌都能含而化之，使其倾倒在中华民族柔性的文化怀抱中。文化的延续和传承以它特有的方式添加、承载着中国历史的深度、厚度和高度。

文化的传承，是中华民族融入国际、实现现代化的需要，是中华民族向前发展的不竭动力。

三、身份认同与文化传承者的身份认同

对于广播电视有声语言的创作者而言，新闻工作者的身份认同是最基本的要求，这样的身份认同为播音员、主持人在日常工作中保持清醒的头脑、树立喉舌意识提供了保证。与此同时，我们也从来没有忘记过肩负的文化传播、文化传承的使命。特别是随着传播手段的飞速发展，广播电视传媒所负载的内容越来越丰富，广播电视媒体的文化属性不断增强，广播电视媒体已然成了文

化产品的提供者。于是，播音员、主持人在新闻工作者身份认同的基础上，应对文化传承者身份的认同加以强化，这已经成了时代对播音主持从业者的新要求。

（一）什么是身份认同

“身份认同是人们在社会互动过程中对自身角色以及与他者关系的一种动态评估与判定，它以人的自我为轴心，并围绕着各种差异轴（如性别年龄、阶级、种族和国家等）展开和运转，其中每一个差异轴都有一个力量的向度，人们通过彼此间的力量差异而获得自我的社会差异，从而对自我身份和社会身份进行识别。所以，身份认同不是固定不变的结果，它是一个不断变化的动态建构过程。在身份认同中最重要的是价值认同，它决定着自我认同和社会认同的认同取向和身份归属。”

对传播者而言，从表面上看，无论播音员还是主持人都是以个人的身份面对受众进行传播的，这样的形式是由广播电视媒体的线性传播模式所决定的。而实际上，播音员与主持人又绝不是仅仅以个人的身份在传播信息、发表言论、表达观点。从小处着眼，播音员、主持人处在有声语言传播的前沿，这“传者”的形象往往是电台电视台所有幕前幕后工作人员集体智慧的结晶，所以播音员、主持人代表的并不只是他自己，而是一个集体、一个机构的整体形象。再看大的方面，我们的新闻媒体是党和政府的喉舌，是为广大人民群众服务的。广播电视所发出的声音是播音员、主持人站在党和政府的立场上，为人民发出的声音。所以，播音员、主持人既要适当地发挥“自我身份认同”，摆正自己的位置，以促进更加深入人心的个人形象的形成，又要积极地运用“社会身份认同”，树立正确的传播理念，从而提高传播的质量、传播的品位与传播的效率。

对广大受众而言，“身份认同”在传播过程中也起着不可忽视的作用。首先，媒体的发展给受众提供了相当宽泛的选择空间，他们可以根据自己的喜好进行取舍，而这样的选择往往都是在“身份认同”的影响与控制下进行的。比如老年人对革命历史题材节目的偏爱，年轻人对时尚节目、偶像剧的追捧，不是由于受到固有价值观的支配，就是由对自身所期许的目标形象的向往所造成的。而“身份认同”本身也是一个动态的建构过程，它是在社会生活中不断培养、完善的，必然会受到来自社会各方面的影响，而其中起决定作用的是价值观。在如今大的文化环境中，广播电视媒体及其营造的媒体文化已成为当代文化中举足轻重的组成部分，它既给受众提供了可供向往进而学习、模仿的认同标准、认同对象，又通过言传身教，在思想意识方面影响、改变着受众的价值观，进而对他们的“身份认同”进行调整甚至是使其重建。

“身份认同”对广播电视有声语言传播中“传”与“受”的双方都起着相当的作用，是我们必须加以重视的重要因素。文化传承是一个批判与继承相结合的扬弃的过程：一方面对固有的文化进行审视，去伪存真，择其善者而传之；另一方面，又对新兴事物进行考察，从中总结出新的、值得汲取吸收的观点与理念，并将其纳入文化系统之中。而“身份认同”为这样的扬弃过程提供了必要的立场与视角，是进行文化传承的基础。有了明确的“身份认同”我们就有了立足的根基，才能认清固有文化与外来文化的优劣，才能明辨未来的发展趋势，才能将属于本民族的文化成就发扬光大。

“身份认同”本身就是一个不断变化的构建过程，它时刻都有可能受到社会现实的影响，处于不断调整的进程中。而这样的进程不是机械、固定的过程，它拥有相当大的灵活性，是人们对自己的价值观不断地进行积累与辨析的产物。对民族身份认同而言尤为如此，这一认同的过程既给了人们将理论上的价值观付诸实践的可能，又为人们提供了相当大的思考空间，与民族文化相关的价值观就是这样在实践与思考的循环往复中不断完善起来的。“身份认同”会以价值观念的形式在脑海中一点一滴地固定下来，而经过之前那一番去伪存真的过程之后，这一“身份认同”才逐渐明晰。只有清晰、明确的身份认同，才能给我们提供强有力的精神支持，使我们能安心于浮躁的环境之中，理清自己的人生目标并更好地审视自己，消弭由多元化的文化环境造成的心理矛盾，与自己的民族文化建立紧密的、固定的联系。

（二）文化传承者的身份认同

文化传承意识的树立应该是播音主持工作者的自觉行为。在当下功利主义盛行的浮躁环境下，这样的意识显得尤为重要。但是现实情况并不尽如人意，文化传承意识的淡薄、对文化传承者身份的漠视都不是偶然现象。对文化、语言、文化传承以及语言保护进行更为深刻的再认识，重新确立文化传承者的身份认同已成了播音主持工作者的当务之急。

播音员、主持人是广播电视中的文化传承者。在他们的有声语言创作中，不仅包含有声语言的传播技巧，还包括作为传播者的强烈的责任感。在这种使命感的召唤下，播音主持工作要站在提升全民文化水平的战略高度，每一次播音创作都应该给受众提供具有较高文化造诣、深厚文化品位的作品，让文化传承在自己的工作中潜移默化地得以实现。所以，播音员、主持人在把握自身身份的过程中，除了要明确自己是新闻工作者外，同样重要的是要认识到自己还是一个文化传播者。我们的播音主持工作传播的正是各种文化——主流文化、精英文化、大众文化等。总之，我们要扮演好文化传播者的角色，抵制各种不良倾向。

文化传承者的身份认同与新闻工作者的身份认同之间的关系是相辅相成、相互促进的。新闻工作者需要有相当的文化修养与文化传承意识，而一个合格的文化传承者也需要有一定的责任心与使命感才能鞭策、激励自己担负起守望文化视野，促进全民文化水平提升的艰巨任务。在当前急剧变革的传播环境下，有些播音员、主持人社会责任意识不强，对自身工作认识不清，甚至连新闻工作者的根本属性都不知晓。所以，我们必须大声疾呼，以引起广大播音员、主持人的注意：我们不仅是新闻工作者，我们还是文化传承者。

文化传承者的身份认同可以让广播电视媒体决策层在节目设置以及挑选主持人的过程中学会用文化的眼光来进行取舍；也可以让策划者在节目运作的过程中拥有更广阔、更深刻的创作空间，不再仅仅用简单、庸俗的噱头来提升收听/收视率，使传播的手段更加丰富；对有声语言传播的创作主体——播音员、主持人而言，更是为他们改善自身的公众形象、提高节目及媒体本身的文化品位指明了方向。这就形成了一股合力，它使得广播电视有声语言的传播更具魅力、能吸引更多更高层次的受众，也使得语言传播与广播电视媒体那与日俱增的强大影响力更加匹配。而这股合力本身也说明，在今天的传媒环境中，有声语言的传播是一个系统工程，它是塑造媒体文化形象的重要手段，是媒体综合实力的体现。它既是在民族文化的基础上发展起来的，又反哺民族文化，对文化的发展起到积极的推动作用。媒体离不开文化，文化传承也离不开媒体。

文化传承者身份认同在有声语言传播中首先体现在对语言的重视、对语言的精雕细琢上。在文化资源保护意识不断增强的今天，保护语言就是保护文化的观念早已深入人心，作为语言工作者、文化传承者的播音员、主持人对语言再不可采取无所谓的轻视态度了，对语言尤其是有声语言自身创作规律的重视再也不能停留在空喊口号的阶段了。语言功力的提高、对有声语言创作规律的熟练掌握不仅仅是在为文化创造更好的传承环境，这样的提高与熟练的过程本身就是提升有声语言创作主体文化素养的过程。许多从业者都有这样的感悟：对有声语言的重视与文化传承功能的实现是相互渗透、相互统一的过程。

语言功力的提高同文化传承功能的实现是相辅相成的，忽视语言功力的主持人是无法将精妙的文化展现在受众面前的，而缺乏文化底蕴的播音员也不可能自如地展示自己的语言功力。文化传承者的身份认同需要与之相匹配的语言功力。

如何向受众传递正确、健康的信息，对人们的取舍做出积极的影响是播音员主持人在今天必须正视的大问题。而文化传承者的身份认同恰恰能够在这方面为我们提供较大的帮助。

第四章　播音与主持创作的理论

第一节　播音主持艺术的创作原则

播音与主持是艺术创作活动，这种创作活动具有明确的创作目标，符合客观的创作规律，讲求艺术的创作方法，以此形成了它的基本创作原则。

具体地说，这些创作原则主要就是实现讯息共享的传播目标，遵循广播电视的传播规律，追求情理交融的传播效果。

一、实现讯息共享的传播目标

要想实现讯息共享的传播目标，就需要了解大众传播的不同类型。传播学是 20 世纪中叶出现的一门新兴边缘学科，它与新闻学、社会学、心理学、文化人类学、信息论、系统论、控制论等许多学科都有着千丝万缕的联系，彼此渗透，相互影响。它研究人类社会的一切传播现象，特别是现代电子媒介——广播电视更是它重点研究的对象。不仅分析它的“渠道特性”，还研究传播者和信息内容。

（一）有稿播报式的大众传播

有稿播报实际上就是代表组织、团体或权威人士转述文论或言论，也适合对文学艺术作品的朗读。它曾经是广播电视中一种主要的语言表达形式，是在“三级审稿播出管理体制”以及“录播机制”下派生出的一种制播手段。它所依托的是一种朗读语言艺术或者说是“有稿播音”方法，它也是当前播音学的主要研究对象。只要广播电视还需要发挥“转述”作用，这种语言形式在当下和将来都会长期存在，仍然具有较高的使用价值。

（二）人际交流式的大众传播

人际传播是个人与个人之间的交流活动，它是社会生活中最直观、最常见、最丰富的传播现象。彼此交谈、书信往来、电话联系、发电子邮件等，都属于人际交流与传播的范畴。人际传播的内容十分丰富，既包括关于环境变化的实用信息交流，又可以彼此交换各自的一些看法和意见，并满足个人的社会性心理需求等。虽然形式多样，但大致可以分为两种：一种是借助某种有形的物质媒介（如信件、电话、电报等）的传播；另一种是面对面的传播。可以说，这两种人际交流传播形式在广播电视主持人节目中都得到了广泛的运用。这里需要说明的是，人际交流一般是在人们的“私密空间”进行的，但是一旦进入大众媒介，它就自动失去了“个人的隐私”，变成了完全公开的内容。

人际传播现象已经在我们的主持人节目中大量出现。人们还在努力创造条件，更多地去表现这些人际交往的生动情景。在使用大众传媒的时候要考虑到它的交流性、有效性，在进行人际交流时要兼顾它的社会性、广泛性。大众传播与人际传播的结合，实际上也是间接控制与直接控制的结合，也只有这样才能使它们取长补短、相得益彰，从而保证主持人节目的健康发展。

（三）群体互动式的大众传播

日本社会学家岩原勉认为，所谓群体，指的是“具有特定的共同目标和共同归属感、存在着互动关系的复数个人的集合体”。这个定义中，“群体”不仅包括家庭、朋友、街坊邻居、娱乐伙伴等初级群体，还涵盖了具有共同属性的间接社会集合体。所以群体有两个本质特征：一是目标取向有共同性；二是具有以“我们”意识为代表的主题共同性。这两个特征意味着任何一个群体都具有互动机制和使共同性得到保障的机制，群体与成员、成员与成员间的传播互动机制就叫作“群体传播”。岩原勉认为：“群体传播就是将共同目标和协作意愿加以连接和实现的过程。”群体传播形成群体意识，这种意识一旦形成，也会对群体传播产生重要的影响。群体意识的影响主要体现在对成员个人的态度和行为的制约作用上。群体意识无疑是在群体信息传播和互动过程中形成的。任何一个群体都具有自己的传播结构，这个结构主要是由信息的流量与流向两个方面来决定的。信息的流量主要是指共同兴趣的面有多宽。一般来说，信息的流量大，群体成员间互动和交流的频度就高，群体内容易达成共识。另一方面，信息的流向是单向的还是双向的，传播者是特定的少数人还是一般成员都拥有传播的机会等，对群体意识的形成也有重要影响。双向性强意味着群体传播中民主讨论成分多、信息共享程度高，在这个基础上更容易形成群体的凝聚力。

我们这里所说的群体传播不同于组织传播，主要是指非组织性群体传播活动。

大众传播与群体传播的有效结合，将会起到相兼互补的作用，其效果和影响都明显优于单一的传播形式。但是也要注意克服下列两种倾向。一是偏重于大众传播，却忽略了群体传播。只考虑了面向大众，却疏远了群体成员。结果导致群体内的关系十分松散，当然也就很难形成外涉的影响力。这说明，主持人在这里仅仅起到了串联节目的作用，却忘记了自己更是两类传播活动的操持者。这样往往就会造成“台上台下”的“间离效果”。二是偏重于群体传播，却忽略了大众传播。如有的主持人为了活跃气氛，一味地插科打诨，哗众取宠，失去了分寸。这样只能博得场内观众的一时热闹，却冷落了荧屏前的观众，又会造成“台内台外”的“间离效果”，脱离了社会大众。

（四）复合交流式的大众传播

近些年，电视媒体中出现了许多新的传播形式，广播也利用自己的特点发展了一些新颖的节目形式。譬如，获得全国第五届“金话筒”奖的广东人民广播电台主持人节目《评说“神舟”首航成功》，运用网络、电话等手段把分散在各地的嘉宾、听众、网友都联系了起来，调用了目前所能调用的各种技术手段，进一步扩展了节目天地，让分散、远离的人们通过多种渠道“汇聚”在一起，彼此交流。传播形式越丰富越多样化，就越需要主持人增强控制与协调能力。不具备这样的能力，就无法驾驭纷繁复杂的传播活动，有可能会出现失控情况。

每一类传播方式都会优劣并存。当三种传播形式相融合的时候，主持人应努力去扬长避短，恰当取舍。把人际传播的情感效应、群体传播的从众效应和大众传播的权威效应充分地调动起来，剔除人际传播中的随意性、群体传播中的排他性和大众传播中的刻板性。只有这样才能充分发挥主持人节目的优势，取得最佳的社会传播效果。

二、遵循广播电视的传播规律

播音与主持都是广播电视的传播活动，必须遵循广播电视的客观规律。违背了广播电视的自身规律，也就难以达到理想的传播效果。那么，广播电视究竟有哪些规律必须遵循呢？

（一）注重时效

广播电视用于对“新近发生事实的报道”具有得天独厚的优势。广播电视工作者的时效观与报纸的不一样，它不但反映“昨天、今天、刚才”发生的事件，而且更注重对现在正在发生的事实的报道。因为电子媒介为它提供了这种即时报道的便利。广播电视的电波传送速度是每秒30万千米，在电波覆盖范围内，只要有接收工具（电视、电脑、收音机）就可以接收信息。它不需要检字、排版、印刷、发行等诸多工作环节，可以在此时此刻对此事进行现场报道。在广播电视史上人们对这样几件历史事实留有深刻印象：1981年3月30日下午2点25分美国总统里根走出希尔顿饭店后遇刺，2点30分，美国广播公司（ABC）就播出了记者莱姆·唐纳森发来的报道，2分钟以后，哥伦比亚广播公司（CBS）播出了自己的记者莱姆·塔克发回的同一消息；1986年1月29日北京时间零时许，美国“挑战者”号航天飞机意外失事，在收到英、美电视新闻社通过卫星传来的实况录像以后，中央电视台抢在上午9点20分在《简明新闻》里，以头条位置播出了这一惊人的消息；1997年6月30日至7月1日，世界上很多人都在关注着一个历史性的时刻——香港回归祖国。中央电视台向世界各国成功地转播了这一盛况。在连续七十二小时的实况转播中，主持人白岩松深有感触地说：“这一次报道仿佛参加了一场百米竞赛……但真正的百米我们并没有跑过，因此直播的发令枪一响，我们才真正地离开起跑线，努力跑向终点。”大家对2001年在美国发生的“9·11”恐怖袭击事件仍记忆犹新。美国几家电视台都在最短的时间内播出了被劫持飞机撞击世贸中心大楼的全过程。在以后的接续报道中，美国的FOX、CNN等电视台播放了逃难者从高达110层的高楼上逃生的镜头和大楼轰然倒塌的全过程。这种恐怖场面震撼了世界上爱好和平的人们的心灵，引发人们对恐怖主义的一致声讨。这样的例子不胜枚举，广播电视的高时效不仅是它独有的优势，也是它的客观规律。利用这种优势，遵循这一规律，一直是广播电视工作者努力的方向。

（二）注重“形象化”

通过文字阅读，激发想象得到的感受，与借助直观印象得到的感受是很不相同的。从人的心理感知过程来说：文字首先诉诸理性（即先理解而后感知），而形象却直接作用于人的情感。传播学家们从20世纪30年代起就对诉诸情感与诉诸理性的传播效果进行了研究。他们得到的结论是，“富有情感色彩的传单对人们选举的影响比‘理智’传单要大得多”。社会心理学家们曾做过多次这方面的实验和研究，都得出了相同的结论。这说明传播时首先诉诸情感比诉诸理性更容易使人们的态度发生转变。当然，两种方式各有所长。但是在实际运用中，它们是不能截然分开的，只是施加影响的次序不同，分量也不一样。广播电视是以直观形象作用于人的听觉和视觉的，感觉直接影响情绪，导致感情的变化，引发人们的思考。如今我们所看到的和所听到的广播电视主持人节目正是那种“一对一、面对面”的拟态环境。在这样的环境中，大家可以敞开心扉、倾情交谈，充满了亲切和热情，自然会取得理想的传播效果。当然，广播电视所要创造的并不仅仅是家庭情境，而是根据不同的传播目的选择不同的情境氛围，如闲适环境、严肃环境、游戏环境、自然环境等。

如何更加有效地创造情境氛围，是播音员和主持人专业能力的重要表现，俗话说：“闻其声如见其人。”这说明声音是可以塑造形象的，另外它还可以创造情境氛围。“形象化”是广播电视传播的天然优势，播音员与主持人都必须按照这样的规律发展自己的传播能力。

（三）注重“大众化”

广播电视信息一旦发出就无法收回，可以漫无边际地传播。不仅如此，广播电视讯息通俗易懂，能够广泛渗透到各类社会群体中。我国地域辽阔，民族众多，由于区域经济发展不平衡，各地还不同程度地存在着文盲、半文盲的现象。在许多偏远地区，邮路不畅、购买力不足等都限制了纸质媒介信息的流通。这样就使广播电视成为当然的“大众媒体”。它基本上不受文化水平的限制，从学龄前儿童到古稀老人，从目不识丁的文盲到学富五车的学者，都可以是广播电视的受众。同时，失明的人可以收听广播，失聪的人可以收看电视。因此“老少咸宜，雅俗共赏”一直是广播电视办好节目的宗旨，力求通俗、口语化、大众化是广播电视节目的形式特征。

群众性广、渗透性强是广播电视的又一个特点，更是它的明显优势。播音员与主持人面对的是一个极为广泛的受众群体。所以他们的语言和表达都应该是通俗化、民族化、大众化的，他们的素养又必须是博学多识、高情远致、善解人意的。尽管现代广播电视正在向“分众化”“窄播化”方向发展、尽管我们也很强调主持人的“个性化”，但这丝毫不意味着广播电视会改变“点对面”传播的大众化性质。

三、追求情理交融的传播效果

播音与主持都是以形象化的手段来从事传播工作的。这就使它们具备了艺术的性质。“艺术反映社会生活有它不同于社会科学的特殊性，它是用形象反映社会生活的。形象性是艺术的基本特征。”由此可见，形象性是艺术区别于社会科学的一个基本特征。形象就是艺术反映现实生活的一种特殊手段。任何艺术形式都不能离开形象的描绘。没有了形象，艺术本身就不存在了。黑格尔就曾提出："艺术的内容就是理念，艺术的形式就是诉诸感官的形象。"毫无疑问，广播电视内容的传播必须依托某种表现形式，而播音与主持就是创造这种表现形式的主要手段。

（一）播音艺术创作

播音是运用语言艺术进行创作的活动。它不仅仅是依据稿件来进行有声语言的再创造，还包括即兴表达的各种话语艺术。从叙述方式来看，既有转述，又有评述，还有阐述等；从口头语体来分类，大体是朗读体、演讲体和谈话体等。但这样一些语言艺术活动都是在广播电视的语境条件下进行的，所以就必须遵循广播电视的客观规律。

1. 塑造语言形象

"闻其声如见其人"说明声音是可以产生形象的。特别是在广播中，人们往往会从一个人的声音里揣测、辨别他的社会角色形象。声音的好坏优劣，给人以不同的印象，让人产生不同的感受。即使在电视中，声音也是一个人总体形象不可分割的组成部分。作为传播者给人"先入为主"的印象，十分重要，而声音是关键的因素。播音主要是以有声语言来进行艺术创作的，受众自然会对声音提出审美的要求。"目欲綦色，耳欲綦声"是人类最基本的审美要求。鲁迅先生说："色美以感目，音美以感耳，意美以感心。"这些都非常精辟地概括出了人们的这种审美心理的要求。然而这里所说的"播音语言"主要是指那种具有丰富感情色彩和准确表意功能的语言表达方式。运用声音创造美好的语言形象就必须把握科学的用气发声技巧和正确的吐字归音方法。

2. 增加语言美感

这里主要是指有声语言的形式美。规范的汉语言本身就具备平仄相间、抑扬顿挫的美感节律，音韵铿锵、掷地有声，缓疾有节、强弱互补，所以汉语是一种富有音乐感的民族语言，总能给人以悠长的韵味与悦耳的愉悦。

语言的韵律从形式特征看，主要表现为语流的节奏感。构成节奏的是两种关系：一是时间关系，显示快慢；二是空间关系，显示高低。把运动中的这种强弱变化有规律地组合起来加以反复便形成节奏。节奏是天地万物间普遍存在的一种自然现象，它是自然界和谐、人类和平的福音，当然会给人以美感。郭沫若先生曾说："本来宇宙间的事物没有一样是没有节奏的。譬如寒往则暑来，暑往则寒来，寒暑相推，四时代序，这便是时令上的节奏；又譬如高而为山陵，低而为溪谷，陵谷相间，岭脉蜿蜒，这便是地壳上的节奏。宇宙内的东西没有一样是死的，就是因为都有一种节奏（可以说就是生命）在里面流贯着。做艺术家的人就是要在一切死的东西里面看出生命来，一切平板的东西里面看出节奏来。”当然节奏并不就是韵律，在节奏的基础上赋予一定的情调色彩才能成为韵律。

3. 丰富语言内涵

这里主要是指有声语言的内容美。它也是古往今来文学艺术家们所孜孜以求的那种具象以外的“意蕴”。说得更通俗一些，就是指那种“言有尽而意无穷”的境界。歌德的“意蕴说”把艺术作品分为三个因素：材料、意蕴、形式。意蕴即人在素材中所见到的意义。

一般把前两个因素合称为“内容”。这就要求传播主体必须首先充实自己，这样才能“由己达人”。自己有了丰富的思想和感情蕴含，才能厚积薄发取得感人肺腑、发人深省的传播效果。播音的意蕴并不仅仅是传情达意，同时也在创造一种意境。清代学者王国维曾说：“文学之事，其内足以摅已，外足以感人者，意与境二者而已。”他还说：“言气质、言神韵，不如言境界。有境界，本也。气质、神韵、末也。有境界而二者随之也。”就是说如果产生了情景交融的效果，也就产生了神韵，体现了气质。这也正是播音艺术所要追求的那种境界。由此我们可以领悟到：做广播电视节目，其重点并不在于用迅疾的语速传达更多的内容，而是借助艺术的手段来达到“语语明白如画，而言外有无穷之意”的效果。这样的艺术手段运用在传受关系中，可以有效地调动受众的参与意识。

4. 完善语言表达

这里主要是指运用播音语言，准确、鲜明、生动地传达节目内容和广播电视讯息。英国的著名作家萧伯纳曾拿“是”字的书面表达与口头表达做比较：说一个“是”字有 50 种方法，可是写下来的只有一种。由此可见，学会说话并不难，但要把话说好不容易。俗话说“上什么山，唱什么歌；见什么人，说什么话”就是指在不同的语言环境下，说话的方式都应该不一样。广播电视有多种节目形式，这也就意味着它有不同的语言环境，这些不同的语言环境会对播音提出不同的表达要求。所以，播音绝不是一种固定不变的语言模式，也不应该是单一形态的社会语言。播音是广播电视演播环境中多种口头语体的表达艺术。朗读艺术、演讲艺术、谈话艺术等在广播电视中都具有存在价值。只是我们对它们还缺乏规律性的认识。

（二）主持艺术创作

主持人节目的形象主要是由这样四个因素所决定的：权威性、真实性、亲切感、交流感。由于各类节目的宗旨不同，四种因素的运用也会有所不同。主持人是支撑这个节目的核心人物，他的全部工作就是维系节目的形象，争取最好的传播效果。

1. 树立权威性

权威是指："人类在社会实践过程中形成的具有威望和支配作用的力量。"顾名思义，主持人无疑就应该是具有威望和起支配作用的媒介人物。正因为节目中始终都存在这种支配力量，所以才形成了节目的特色，称其为"主持人节目"。反之，如果主持人始终不能在节目中树立自己的威望，或者处处受制于人，甚至任由别人"反客为主"，那么这个节目显然是不成功的。所以节目的权威性就来源于主持人的威望和支配力量。主持人的威望源自他丰厚的生活积累、精辟的学识见解、高尚的品德修养。而他的支配力量，一方面是媒体授予的，另一方面来自他自身所具备的令人信服的魅力。美国曾有两位年龄最大、待遇也最高的节目主持人，一位是年近古稀的老媪芭芭拉·沃尔特斯，被美国全国广播公司（ABC）以年薪 1200 万美元聘为新闻节目主持人；另一位也是年过花甲的老翁拉里·金，2007 年，美国有线新闻网（CNN）以 5600 万美元的薪金与他续签四年的合约，继续请他主持谈话节目。这样的薪酬待遇在美国就代表着一种较高的社会价值和地位。为什么他们会有那么高的身价呢？这两位老人的真正价值不在于姣好的外貌、迷人的嗓音（拉里·金的嗓音甚至是沙哑的），而在于他们具有渊博的知识、丰富的阅历、深刻的见解以及统摄人心的魅力。

2. 维护真实性

"真实"是主持人节目的生命。它既指节目内容的真实、人物的真实，又指主持人具有真情实感。节目有了真实性，才能产生亲切感和交流感。近年来，真人秀电视节目备受人们的青睐，究其原因在于，真人秀电视节目用娱乐大众的方式，集中讲述了关于真正的人和真正事件的故事，它的真实节目风格使其观众更喜欢它，其成功缘于真实性。

3. 表现亲切感

主持人是以个性化、人格化的形式与受众见面的。尽管"我"并不完全代表个人，是媒体这个"大我"的化身，但是，受众所接触的则是一个具体的"人"，这个"人"的态度直接维系着节目与受众的感情联系，让人感到亲切，会缩短主持人与嘉宾受众之间的心理距离。传播心理学的研究表明："传播者的相似性与传播效果之间的联系以人际吸引——喜爱为中介。这就是说，如果人们感到传播者与自己相似，就会喜欢他。换言之，人们都强烈倾向于喜欢那些和他们相似的人。而喜欢传播者，就倾向于接受他的观点。"当然，强调"相似性"，绝不意味着要一味去迎合受众的观点或情趣，这种"相似"就是求大同存小异，寻求更多的相互理解和共同语言，诚心诚意关心受众、尊重受众。中央电视台的主持人倪萍，无论主持《综艺大观》《聊天》还是《文化视点》，总是给人以十分热情、亲切的印象，她在谈到主持《文化视点》的感受时说："我会尽力超越自己，但一些主持上的特点我会保持，我仍将喜欢用第一人称与观众交流，他们常常觉得亲切，我珍视这种感觉。我仍然会被感动，无论是欢乐还是眼泪，只要是伟大的、美丽的，我还将同观众朋友分享。"

4. 增强交流感

平等地参与社会交流，畅叙自己的襟怀，倾诉自己的心愿，是民主社会普遍存在的社会心理。可以说，主持人节目之所以受欢迎，就是因为顺应了现代社会人们的这种心理需求，满足了人们的这种社会交流的欲望。这类节目与传统节目的根本区别也就在于它的双向交流性。事实证明，双向信息沟通的效果大大优于单向信息沟通。这种双向交流关系的建立，取决于主持人的民主观念和平等意识。只要改变一贯的"我说你听"的传统模式，真正与受众平等相处、坦诚相见，尊重大家的意见，倾听群众的呼声，在传受之间建立相互信任、相互理解的氛围，大家就会在这样的氛围中推心置腹，倾心交谈。美国颇负盛名的《拉里·金现场》节目主持人拉里·金总是将自己的身份放低、放平，而把采访对象置于最重要的位置，把说话的时间和机会都留给嘉宾，给他们创造充分表达的机会。"拉里·金以轻松友好的态度来面对嘉宾和观众，他不喜欢把探寻隐私当作采访的动机和谈话的主要任务。不咄咄逼人，也不穷追不舍，也正是因为有如此宽松的谈话氛围，嘉宾才乐于和他交谈。"

第二节　播音主持艺术的创作方法

播音是一种语言，主持则是传播艺术（其中包括了非语言艺术）。播音员、主持人的口语表达主要就是指某种语言表达方法，在不同的语言交流情境下，使用不同的语体表达形式。《辞海》对语体做了这样的解释："指为适应不同的社会活动领域的交际需要所形成的具有一定特点的语文表达体式，是语言交际历史发展的产物。有各种不同的分类。一般先划分口头语体与书面语体，书面语体又分为文艺语体、政论语体、科技语体、公文事务语体等类型。”过去我们对书面语体现象研究得比较多，而对口头语体却没有给予足够的重视。譬如，在很长一段时间里，广播电视中朗读语体占据着主要的位置，这就是所谓的“有稿播音”，把不同的朗读方法称为“文体播音”，即不同文章体裁（新闻、通讯、评论等）的朗读方法。当主持人节目大量出现，特别是谈话类节目需要交流时，朗读就不适合了。事实上，口头语体的表达形式也是丰富多彩的，基本上可以分为朗读、阐说（演讲）、谈话三大类。

一、播音艺术的创作方法

根据“播音”就是播出有声语言的理解，我们把广播电视中的这类有声语言表达方法分为三种，即朗读式播音、阐说式播音和谈话式播音。

（一）朗读式播音方法

语言学家徐世荣先生说：“朗读就是把书面上写的语言变为口头上说的语言，把无声语言（文字、文章、文学作品）变为有声语言——更能表情达意的口头活语言。”他还说：“既然大张旗鼓地讲‘修辞学’，也就应该同等地讲‘朗读学’。”张颂教授在这方面做出了突出的贡献，他不仅对我国弥足珍贵的文化遗产——朗读艺术做了全面整理和论述，还把它运用在广播电视播音实践中，培养出了大批优秀的播音人才。在特定的历史条件和传播制度下，我们广播电视的稿件都需要经过“三级审稿”后才能够播出。“不准播错一个字”是播音员、主持人的基本职业操守。所以，广播电视中的大量稿件都需要转变为有声语言才能传播出去，这就需要一个朗读转化的过程。但是广播电视中的朗读会受到技术传播环境和媒体功能的制约，不同于一般的朗读行为，有自己的特殊规律，所以我们称它为广播电视条件下的朗读艺术，所以也可以简称它为“播报”“播读”等。

朗读一般都是在“我说你听”的氛围中展开的，这样的语言环境需要比较专注的神情和聆听的情趣。在口头语体中，仅仅依赖标点符号是难以准确表情达意的，甚至还会出现与标点符号作用相反的情况。譬如，我们所说的“停连”就与顿号的停顿作用有所不同，往往是含有“似停实连”意味的。可以说，“重音”“停连”“语气”“节奏”就是口头语体中的特殊的“标点符号”和基本表达方法。

（二）阐说式播音方法

阐说实际上是一种演讲语体，演讲是一种古已有之的社会活动和文化现象，早在我国殷商时期就已有了演讲的文字记载。《尚书·盘庚》中，盘庚动员臣民迁都的三篇演说辞，便是最早的证明。按照《辞源》的解释，演讲就是“引申阐述”或“讲说”。通常看法认为，演讲就是“在听众面前就某一问题表达自己的意见或阐说某一事理”。它的基本特征：面向大众，阐述己见；出口成章，言之成理。所以，“朗读学是演讲学的孪生兄弟，它源于生活中的对话，而不强调对文字脚本的依存”。广播电视中主持人所进行的现场报道、现场直播、现场解说、新闻点评、广播讲话等就带有明显的“阐说”的语体特征。

阐说带有理性的特点，它是在叙述和阐发的过程中报道事件的，带有明显的评论色彩。主持人在广播电视节目中会出现在各种场合，报道的目的也不完全相同，但是就节目形式和阐说的内容来分析，大体上会使用以下几种阐说方法。

1. 动态报道

动态报道本来是广播电视记者在新闻发生的现场进行采访和报道的一种形式。事实上，参与现场报道的主持人也不乏其例。最早被人们所称道的是美国著名的主持人爱德华·默罗在 1940 年 8 月 18 日所做的《这里是伦敦》的现场报道。他手持话筒冒着德军的狂轰滥炸，站在英国广播公司的楼顶上，描述现场情况。这种报道方式已经越来越多地被广播电视机构所采用。譬如，在风云多变的中东地区，中央电视台主持人水均益冒着生命危险，深入巴勒斯坦和以色列的冲突地区报道巴以局势的现状；1997 年 7 月 1 日中央电视台主持人白岩松等对“香港回归祖国”进行了成功的全程报道……这些都给大家留下了深刻的印象。

动态报道也叫现场报道，是一种边观察、边采访、边口述的报道形式，它的突出特点是现场感强。

动态报道要注意发挥以下语言特点：

①口齿清楚、表达流畅；

②通俗生动、简洁准确；

③明察秋毫、反应机敏；

④情绪饱满、情感真实。

2. 现场解说

现场解说是在现场直播或实况转播的情况下，伴随现场活动的开展进行的解说和评述。主要有现场解说、球赛解说、文艺演出解说等。它与现场报道不同，有自身的特点。

一是与新闻活动在时间上是同步的，它是在事件发生、发展的同时用解释性话语报道现场实况的。这与现场报道有类似之处，所不同的是，现场解说主要是对宏观场面的直播而现场报道兼对有微观动态的报道。

二是现场解说的对象一般不是突发事件而是事前有所组织和安排的活动。需要按照活动程序做些必要的准备，如撰写解说基础稿或提纲，尽可能搜集与活动有关的材料和资料，进行一些事前的采访，制订直播计划，采取一些技术措施，等等。

体育解说与现场解说的性质基本相同，所不同的是体育解说面对的是更多不可预知的因素，赛场的风云千变万化，输赢得失难以预料。所以解说者必须具备丰富的体育知识、临场应变能力以及伶俐的口才。

3. 口头评论

口头评论一般是指记者或主持人在新闻现场，针对某种新闻事实或社会现象即席所做出的评论，在夹叙夹议的表达特点上很类似于“新闻述评”。但是与一般“新闻述评”所不同的是，这种评论往往带有个性特色和口语色彩。

口头评论有如下两种形式。一种是三言两语的“点评”，就是在事件的客观报道后或报道过程中，就新闻事实所发表的随感式的简短言论。另一种就是短评，它是就某种社会现象或新闻事实所发表的较为系统的见解或论述。以主持人身份做出的短评，主要还是随感式、探讨式、启发式、商榷式的，而绝不能居高临下、以势压人。

4. 阐说新闻（也称“说新闻”）

最初人们只是要求把文字稿变成自己说的“话”，“读”起来像“说”的。但是，仅仅满足于“读”得像“说”，显然不是“说新闻”的初衷。广播电视与报刊不同，它在说明新闻事实的同时，还可以阐发新闻价值，使得人们更容易理解新闻的意义。这也正是广播电视新闻所具有的独特优势之一。实践表明，“说新闻”不但是可行的，而且很受大家的欢迎。我们可以看出，“说新闻”实际上就是主持人对新闻事实的一种阐释方式，所以把它说成“阐说新闻”可能更准确一些。美国名牌新闻杂志节目《六十分钟》的创始人和制片人唐·休伊特对新闻主持人的素质曾做过这样的描绘："我认为，要想成为一个优秀的报告员，必须兼有两种能力，一种是能够发现新事物；另一种是能够把所发现的新事物通俗易懂地传达给别人。这两种能力兼而有之的人，也就是既能发现又能传达的人，实际上是很难找到的。"可以说沃尔特·克朗凯特就是他物色到的具备这种素质的世界上第一个新闻节目主持人。

"说新闻"并不简单，不仅要"说"得准确、"说"得客观、"说"得真实，还要"说"得自然、"说"得亲切、"说"得深入浅出……如果说"有稿播读"是一门专业艺术，那么毫无疑问，"阐说新闻"就是一门更深的学问，一门更值得我们探讨的播音艺术。

（三）谈话式播音方法

随着社会的进步和发展，广播电视正在顺应现代社会民主政治建设的需要，越来越多的广播电视节目都在创造一种双向交流的情景。譬如，广播热线电话节目、信箱节目、对话节目以及电视中的谈话节目、嘉宾参与节目、访谈节目等。这一类节目，目前已经成为收听、收视率较高的节目，深受群众的欢迎。当广播电视中出现这样的情景时，必然要求使用相应的谈话语体。

谈话一般都是在和睦、愉快的语言环境中进行的交流活动，俗话说"话不投机半句多"，指的就是无法深入交谈的消极语境。目前广播电视中的谈话形式多种多样，但是大体上可以区分为"访谈""交谈"和"侃谈"三大类。

1. 人物访谈

人物访谈就是采访性的谈话活动。主持人访谈实际上就是由记者采访演变而来的，也就是说当记者采访报道被固定在每个新闻栏目中经常出现时，它就是"主持人访谈"。特别是在国外，这类访谈节目比较多。如美国有线新闻网（CNN）的《拉里·金现场》、英国BBC的资深主持人蒂姆·萨巴斯蒂安主持的《新闻人物访谈》等，国内中央电视台的《东方之子》《焦点访谈》和北京电台的《时事对白》等都属于这类访谈。

与一般的采访活动不同，访谈既是记者（主持人）与被采访对象之间的谈话过程，又是一种公开的谈话交流活动。资深记者艾丰同志提出的采访"取予观"对我们很有启发。他认为："在采访过程中，记者要向采访对象索取情况，采访对象要给予记者一些情况，这种情况的取和予，是记者和采访对象之间关系的内容和实质。可以说，记者在采访活动中所进行的一切活动，都是为了顺利地解决这个矛盾，把新闻报道所需要的材料'取'到手。"事实上，这仍然是广播电视访谈活动的基本规律。艾丰同志还提出了“取”和“予”的六项条件。

从取方（主持人）对予方（采访对象）的要求来看，艾丰希望自己的对象：一是具有他所需要的情况或材料；二是愿意谈出这些情况或材料；三是善于表达或传达这些情况或材料。可以把它们简单地表述为，“有情况”“愿意谈”“善表达”。

从予方对取方的要求来看，采访对象希望从主持人那里知道：一是对方想知道哪方面的情况；二是我的谈话在他那里会引起什么样的反应；三是这次谈话会造成什么样的后果。简言之，希望主持人“要求明”“反应灵”“交底清”。

理想的访谈活动就是由这六项条件来决定的，缺乏其中的任何一项都会产生障碍，使访谈不能正常进行。其中“有情况”是最重要的一项条件。

2. 深入交谈

如果说访谈是“一对一”“取”和“予”的关系，那么交谈就是多方交流、“共享”和“分享”的关系。话题是大家“共享”的，感受是需要“分享”的。没有共享的话题，就会“话不投机半句多”，谈不到一块儿去。感受不能分享，心灵就难以沟通，不能形成交流的氛围。以交谈为主要特征的节目形态就叫谈话类节目。国外把这类节目称为“Talk Show”，按字面直译可以解释为“交谈的展示”。中央电视台《实话实说》节目主持人崔永元是我国谈话类节目的典型代表，我们就以他及他所主持的节目《实话实说》为例进行粗浅的分析。

①言遂人意。选择大家共同感兴趣的话题，是“共享”的前提条件。关于选题，它有三个基本的要求：重要性、普遍性、相关性，也有人概括为“群众关心、领导重视、有普遍意义”。

②语随境迁。交谈总是在一定的场景中进行，要么在演播室内，要么在演播室外。演播室的环境是刻意布置的，而演播室外的环境是可以选择的。谈话双方对言语形式的采用、对言语内容的理解，都要受到这个场景的影响。这种影响，既有被制约的一面，又有可利用的一面。如何利用语境作用，来改善、提高交谈的效果，是谈话节目不能不考虑的重要问题。

③心相照，言相通。英国语言学家克里斯特尔认为：“成功的交谈不是一场比赛；成功的交谈不过是一种相互满足的语言交际。除了争辩和辩论之类型的交谈外，谈话中不会有谁胜谁负的问题。”节目要想形成充分交流和亲切恳谈的氛围，离不开四个重要的因素：真诚相待、充满关爱、善解人意、轻松愉快。这种氛围主要是靠主持人去营造的，但是选择好嘉宾和群众也是不可忽视的重要因素。

3. 随意侃谈

四川成都的某茶馆里有一种生活现象叫作“摆龙门阵”，茶馆环境宽松，氛围随意，可站可坐可躺，时时茶水伺候，说者不累，听者不乏，此为“得地利”，茶客多为熟人常客，意趣相向，话必投机。说者有心，听者有意，语笑喧哗，此为“得人和”。天时、地利、人和三者兼得，“龙门阵”自然富聚人气，越摆越火。至于谈话的内容，从来就没有一定之规。想说什么就说什么，碰到什么就是什么。因为说话的目的不是要研究什么问题，解决什么问题，而是要畅叙抒怀。因此，只要说得开心，说得有趣，就行。作为巴蜀文化现象，四川电视台就有一个电视节目叫《天府龙门阵》。无独有偶，《龙门阵》也是重庆电视台推出的以地方方言为主的大型谈话节目。北京人管这种谈话叫“侃大山”，东北人则称之为“拉聒”，南京人则称之为“韶韶”……金文明先生在文章《说“侃”》中说道：“最近十多年来，‘侃’字除了是形容词外，又有了新的动词意义，即闲谈，闲扯。陈刚先生编的《北京方言词典》就收了‘侃大山’这个词条，并注释为，‘高谈阔论（带有吹牛意味）’。”其实各地都有类似的语言文化现象，譬如扬州评话、苏州评话中也都带有这样的成分，当地也都在广播电视节目中应用了这种话语方式。这是指那种带有调侃、谐趣、幽默的谈话方式，也可以把它理解为“清谈”。事实上国外电视中早就存在这样一种节目形式。侃谈主要具有如下五个方面的特点。

一是随意漫谈。既不同于目的明确的访谈，又不同于言来语去式的交谈。它可以兴之所至，娓娓道来。只要是大家共同感兴趣的话题，都可以各抒己见，随意调侃。

二是妙趣横生。谈话的焦点一定是大家共同关注的逸闻趣事，谈话以“笑谈”为主。即便是严肃的话题也需要加以“稀释”后，融入诙谐幽默的成分，以适合这种宽松的话语氛围。

三是闲适安逸。这种谈话的环境氛围一定是轻松自然，无拘无束的。人们也只有在紧张的工作之余，才能够有闲情逸致，彼此逗乐，相互调侃，放松身心。

四是会所聚谈。参与这类谈话，一般都会选择适合侃谈的场所，譬如环境优雅的茶馆、酒店、咖啡馆等公共场所，这些场合比较容易聚集人气，也容易无拘无束地展开话题。来的都是和自己相知相熟的亲朋好友，可以无拘无束，毫无顾忌地畅所欲言。

五是乡音浓郁。方言是一种地域文化现象，非常接近老百姓的日常生活。俚俗方言往往能够传达出我们难以表述的民俗风情。事实上各地的广播电视中已经有了不少这类侃谈的节目形式。譬如颇负盛名的杭州《阿六头说新闻》也带有调侃的味道，只是“新闻”是否能调侃倒是值得研究的问题。

二、主持艺术的创作方法

主持的基本含义在汉语中有多种解释，《辞源》中对“主持”没有专门的注释，只把它看作“掌管”的同位语。《辞海》中则专列条文做了两种解释：①负责掌握或处理；②犹主张。在社会生活中，“主持”的现象似乎并不少见。譬如，主持会议、主持婚礼、主持晚会，以及主持各类仪式等。但是如果把广播电视主持人理解成主持、掌管节目的人，似乎牵强。因为，主持人在现实广播电视机构中并不一定就是“掌管节目的人”，除非这位主持人仍兼有“节目监制”或“制片人”的职责。“主持人中心制”现在不可能、将来也没有必要成为一种普遍的制度。所以我们认为广播电视主持人需要“掌管”的不是节目，而是传播活动。他是广播电视节目中传播活动的组织协调者。主持人在节目传播活动中所要做的，就是与受众积极交流感受、互相沟通思想，让大家分享和共享信息资源，真正实现信息在传受之间相互通融、通畅、通晓的目标。这就需要讲求传播艺术。从广播电视主持人节目的播出过程来分析，这种传播艺术，主要是对传播关系的调整，再就是对节目流程的控制。传播关系调整的目的是“求通”，而对节目流程的控制的目的则是“求整”。

主持人节目讯息要实现“通晓、通畅、通达”的目标，就不能不从两个方面来进行探讨。首先是必须采用得当的方法和手段，然后还要寻觅通达目标的途径。

（一）主持传播的方法

如前所述，广播电视节目作为一种传播形式，主要存在于大众传播的过程中。主持人节目不同于以往的广播电视节目，是因为它在大众传播的过程中又注入了人际交流和互动的因素，从而创造了一种复合形态的传播模式。“它的本质特征就是在大众传播的过程中进行信息的‘接力传承’，又在个人（人际）传播的情境中实现传播致效。”传播学者们认为，这种复合形态是一种理想的传播模式。“但是，要将人际传播和大众传播媒介成功地结合在一起，就需要技巧和努力。”这种传播活动有别于以往的播音创作，它主要是在两个方面着力：一是讲求语言艺术；二是把握非语言传播效果。

1. 语言传播

“脱口秀”原意是指一种以谈话为主的节目形式，后被港台的翻译家按音义结合的方式，译解为“主持人”的代名词。不可否认，主持人传播活动的主要手段就是使用有声语言。所以主持人是需要讲求语言艺术的。过去我们讲求广播语言特点，主要是从遣词用句的口语化特征入手的，在表达上也侧重于对书面语体（文体）的转化形式——朗读的研究，并已形成了播音学科体系。朗读是一种口头语言的功能性变体，不能否认它也是种语言艺术，这种语言艺术也曾经是适应了传统广播电视播出需要的。实践证明，世界上没有哪一家电台、电视台是不需要读稿子的，只要它还具有社会传播的功能，广播电视中的朗读就还会继续存在下去。当然，随着广播电视节目日益丰富，特别是主持人节目的出现，创新语言的表达形式，必然会提到讨论的日程中来。这就需要我们把握更多的口头语体传播形式，譬如，口头报道、现场解说、说新闻、访谈、交谈、侃谈等。应该说它们都是广播电视的语言传播艺术，也是主持人的基本传播手段。把“脱口而出”的表达方法（即所谓的“无稿播音”），引入广播电视语言中加以研究，大概还是近几年的事情。

广播电视的口头语体显然是一个重要的研究领域，也是广播电视摆脱“办报模式”的重要途径。现在我们正在研究并完善这些语言传播手段，并需要在实践中不断加以总结提高。不能认为这种节目形式是从海外、港台借鉴过来的，就“全盘西化”，把“港台腔”“洋泾浜”都当成主持人语言的特征。应该说，传播语言的民族化、大众化、规范化仍然是我们所追求的方向。如前所述，主持人节目是复合传播的节目形态，主持人既要面对“大众”“群体”，又需要面对个人。“对什么人说什么话”，既是“语境规约”，又是传播交流方法。所以从传播学的角度来着眼，主要考虑语言是对哪些人说的，怎样说的问题。

（1）大众传播中的语言——对大家说

大众传播面对的是大量隐匿的、分散的、身份不确定的受众，面对这样一个庞大的社会群体，进行有效的传播，是件很不容易的事情。我们在寻找大众传播的有效方法时，需要从两个基本的方面来着眼：一是语言讯息的抽绎度要低；二是语言讯息的冗余度要适当。

语言的抽绎程度有高低之分，抽绎的程度越高，它与具体实际的依存关系越是间接。大众文化对生活的抽绎度低，没有高雅艺术那么精致。但是它最接近普通人的生活，可以最大限度地为人所理解，满足不同受众的需要。可以说，大众传媒是通俗文化生长的土壤和条件。如果以高雅文化来苛求这类媒体，以晦涩为深奥、以矫情为清高，那么就会违背大众传播的自然规律，远离受众的实际需求。传播学家威尔伯·施拉姆就明确指出："有效传播的一个秘密是把一个人的语言保持在听众能够适应的抽象程度上，以便在具体的基础上谈论比较抽象的内容，使读者或听众能够不感困难地从简单熟悉的形象转到抽象的主题或概括上来，并在必要时能够再回到原来的形象上去。"他还说："寻求合适的抽象程度和抽象数量是我们在使用语言中碰到的一个问题。"由此看来，主持人的语言能力不在于说出华丽的辞藻，很重要的就是能否用朴素而通俗的群众语言，来说出深刻的道理。中央电视台的著名主持人崔永元以"邻家大妈的儿子"自诩，是值得肯定的。譬如，在《实话实说·小小少年之烦恼》中崔永元说："……最近有人说我发胖了，有人说我太瘦，还有人说我太小气，有人给我起外号，我还经常想到人会死，胆子特别小，家里有一摊子事，工作上还要分心，节目老要做好，观众有时候还来信骂我们……所以这么多的烦恼，真是不想干了。但是今天我一听，闹了半天，所有人都有烦恼。而且大人有大人的烦恼，孩子有孩子的烦恼，而且所有的烦恼，都有一定的对策。刚才马老师说得好，烦恼在这个阶段是我们的烦恼，再过一段看呢，可能就是我们人生的一个经历，也许还是一个大家可以共同分享的经历。"崔永元的这段话就说得既深刻又朴素。

大众传播媒介被称为"闲暇媒介"，因为它总是在人们的闲暇时间内被感受的。或者说是在一种"非专注性"状态中随意收听收看的大众媒介。非专注收受，必然会降低语言讯息的清晰度，所以必须适度增加讯息的冗余量。冗余度是指超出所需最小量的信息量的大小。语言符号的冗余性特点保证了语言在传播通道发生故障（如字迹模糊、声音嘈杂、吐字不清）时，信息能够继续传递。而且，一定的冗余度还能为暂时遇到理解障碍的受众提供线索，同时还能为检验信息接收效果提供参照系。所以说，"没有冗余度的语言符号缺乏抗干扰性"。应天常先生认为主持人口语表达中，"冗余"主要有四种表现形式："①用同形同义的言语方式传达剩余信息；②用异形同义的言语方式传达剩余信息；③用追加补充的言语方式传达剩余信息；④用不同的言语代码传达剩余信息。"作为大众传播中的语用策略，"冗余"是必要的，也是一种口语修辞的手段。现在主持人节目中，已经很少有那种正襟危坐、不苟言笑、字斟句酌的传播现象了。但是词不达意、重复啰唆的现象日渐增多，这与主持人的语言修养不足有关。我们提倡增加语言的冗余度是适度的，也就是说以受众听清楚、听明白为最低限度，而不需要再添枝加叶地增加许多不相关的讯息。

近年来，随着电信事业的发展，电子传媒的终端已经伸展到千家万户，特别是彩色电视和调频广播的普及，使人们的休闲活动越来越集中到家庭这个特殊的环境中来了。因此，大众传媒的内容和形式如何适应家庭需求就自然地提到了议事日程上来。我们知道，任何一种语言要较好地起到传神达意的效果，除了内容正确、逻辑分明、语言清晰以外，还必须顺应它所处的语言环境。演讲厅、教室、影剧院、会议厅是比较严肃的公共场合，演说家、演员和教师的语言应该规范、庄重，只有这样才能说服对象，把受众的思想和情绪统一起来。而家庭则是一个自如、舒缓、轻松的环境，在这样一个环境中说话则不必追求庄重规范，而应该力求用亲切、柔和的语气娓娓而谈。说错了怎么办？不怕，纠正过来就行了。重复了呢？也没有关系，重点明确就行，人们恰恰要从这种并不怎么规范的交谈中领略生活的情趣。在日常生活中，如果谁用演说家和教师的口吻和一个家庭中的某人谈话，人们一定觉得可笑，一定会说他刻板迂腐不看对象。同样，在广播电视中，主持人用一板一眼的语言说话，尽管说得字正腔圆，人们也觉得很难接受，甚至很反感。因为这种语言和它所处的环境极不协调。同样，报纸是家庭中、休闲时的印刷媒介，如果报纸的文章也像教科书或理论刊物那样规正、严密，人们也会觉得索然寡味，这同样也是一个阅读环境的问题。

（2）群体传播中的语言——对你们说

这是指那种可以确定范围和对象的公开的交流活动。公开型的群体交流，其内容和形式都是公开的。其讨论的内容完全对外界公开“开放”；其讨论形式也允许小组成员以外的其他人员，特别是听众在场或旁听。在现代社会中，这种公开性小组交谈常常与大众交流的形式并存，即让大众媒介公开报道、转播小组交流的全过程或大部分过程。在西方，这种公开性小群体交流有以广播、电视为媒介公开举行的“讨论会”“专题座谈”“听证会”等。在我国，近年来也开始以电视为传播媒介，举行各种形式的座谈和“对话会”。显而易见，这类交流的目的，在于借助这种讨论使观众、听众获得有关信息。因此，公开型小群体交流除具有一般小群体交流的品性之外，还有其他的特点，如交流环境的开放性，听众、观众的“在场”或间接“在场”，大众传播媒介的介入，等等。既然具有一定的范围和明确的对象，那么它就是一个需要组织起来的受传群体。这个群体是围绕传播者而存在的，所以传播者的吸引力与核心作用就显得十分重要了。在群体传播中“意见领袖”是发挥组织作用和引导作用的核心力量。如果没有这样的人物来支撑，就缺乏凝聚力，群体必然会涣散，传播就会失效。所以主持人能否发挥“意见领袖”的作用，用恰如其分的方式展开话题，来调动群体的参与热情显得十分重要。

2. 非语言传播

美国传播学家威尔伯·施拉姆曾引用雷·伯德惠斯特尔的话说："在有两个人传播的局面中，有百分之六十五的'社会含义'是通过非语言传送的。人类传播中得到的信息有很大一部分来自暗示的方式。"

非语言手段是传播学的一个概念，它是指除语言以外的一切有意义的传播手段。它们大体上可以分为以下几类。

（1）环境语言

主持人节目所需要营造的就是那样一种民主交流的氛围和平等对话的语言环境。只有在这样的环境中，"主人"才能春风化雨，"客人"才能感到宾至如归。有了这样的环境，大家也才能知无不言、言无不尽、敞开心扉，充分交流思想。作为传播者的"主人"也必须处在与他人平等的位置上，这样双方才会真正建立起互信、互谅和互敬。一旦形成了这样的关系，也就比较容易取得理想的传播效果——思想的充分交流和信息的充分共享。这样的传播环境和氛围是需要主持人去着力营造的。

主持人节目能否成功往往还与节目情境组织的好坏有关。广播史上人们津津乐道的"围炉恳谈"就是一个典型的事例。美国第三十二任总统富兰克林·罗斯福曾在广播中成功地创造了一种"亲如家人、炉边闲话"的生动情境，取得了意想不到的良好效果。这个事例启发我们，要取得良好的节目效果，不能忽视环境因素，不能不考虑情境的组织。信息传播的具体情境一般分为物理环境和心理环境。物理环境的组织主要是对选定的演播环境进行精心布置（如悬挂渲染物，准备图片、资料等），创造一个令人愉悦的节目背景；引入适宜的音乐、音响来营造一种意境；根据传播目的设置不同的座次排列方式；利用自然环境（如纪念地、名胜古迹、新闻事件发生地等）来唤起人们的情境感觉；如此等等。所谓"心理环境"主要是指主持人、嘉宾、来宾、受众的心理状态或者说情绪状态。在不同的情绪状态下，节目效果是有一定差别的。凡是在节目中能让人获得"满意"、愉快的情绪体验，都能使节目效果得到强化，而"不满意"的情绪体验则会使这种节目效果受到抑制。

虽然空间和时间是相对应的两个概念，但在现实生活中，它们都是构成环境氛围的两个重要因素。对于时间因素需要考虑的是，不同的时间段选择何种话题更为适切，如"晚间夜话""清晨恳谈""午时闲聊"等；环境因素会使人产生不同的感受，促使人们做出不同的判断；不同的节气、节令会使人们产生不同的联想，引发不同的话题。譬如，"七夕"人们更喜欢以天长地久、悲欢离合等为谈论的话题；中秋佳节则更适宜谈论合家团圆、思亲怀乡等内容；春节则是恭贺新禧的日子等。

总之，良好的心理环境和理想的物理环境的作用既是相互的，又是一致的。它们都对传播效果有不同程度的影响。理想的物理环境会唤起人们兴奋、愉快等肯定性情感，从而形成一种特定的心境状态，而这种心境又会投射到周围的事物上去，可以形成整个节目情景交融的效果。

（2）体态语言

体态语言是指身姿、手势、表情等，主要以“体语”和“眼语”为主。一般地说，情动于中必形之于外。人的表情、动作、仪态，总是反映着人的某种思想、感情。伯德惠斯特尔认为，人的大部分动作就像组成词的字母和音素，是意思表达的组成部分，他把这叫作“体语的最小单位表述”，这些最小单位结合在一起就组成了体态语言。他认为，“体态语言”与人类有声语言（言语）或无声语言（文字）一样都有特定含义。按照体态语言的表达作用，它又可以分成四种：按照民俗习惯和特定语境表达出的象征性体语；对言语进行补充、强调、渲染的说明性体语；显示内心情感的面部表露性体语和暗示某种意味的调整性体语。电视播音员可以有意识地把这些体语在镜头前加以运用。比如，可以用点头、手势等代替自然语言来表达对受众的示意，也可以借助特殊的手势加以辅助，从而起到吸引受众的作用，等等。“不同的身体的各种不同的姿态，都传达一定的信息。有的研究者说，至少有一千种不同的体态语言。”有人认为，身体放松与否，可以体现出人的种种内心状态，并表露出人际信息沟通状况。麦拉宾说：“人身体最大限度的放松，是上身后仰超过 20 度角，向左或向右倾斜超过 10 度；最不放松的情形，可以从手部肌肉的紧张与姿势的僵硬程度观察到。”

一般来说，身体的种种姿态可以传达各种微妙的信息。有专家认为，仅仅是脸部的表情就可以传递 55% 的信息。我们经常可以通过主持人的脸部表情来读解语言信息的全部含义。一般说来身体的种种姿态都可以传达各种微妙的信息。如微微欠身——谦恭有礼；身体后仰——轻慢或若无其事；侧转身——嫌恶、轻蔑……此外，正襟危坐的姿势叫作严肃坐姿，其余多属于随意坐姿；深坐椅内，腰板挺直，表示傲慢、清高等。人们还认为人与人之间的距离也表明某种含义。因此，主持人采取什么样的姿势采访什么样的对象，达到什么样的宣传效果，是需要认真、细心地加以揣摩并努力去实践的。掌握不好，不仅会贬损主持人的形象，还会传达出错误的信息。美国观众评价美国收视率最高的早间新闻节目《今天》的主持人简·波利时说：“简·波利有一张‘早晨的笑脸’，看她主持早间新闻节目就像吃玉米片、喝咖啡一样可口舒服。”

“眉目传情”是体态语言的另一种表达方式。西方人说“眼睛是灵魂的窗口”也是有一定道理的。原中央电视台《为您服务》主持人沈力认为，主持人“一是靠语言，二是靠眼神。如果仅仅是背稿，眼神必然是呆滞的”。沈力的眼语表达的内容是极为丰富的，从她的眼语中大家无不感到一种真诚和热情。眼睛被人们誉为“心灵的窗口”，表明它具有反映深层心理的功能。电视播音时，对播音员一般都推出近景特写镜头，因此，一双“会说话的眼睛”尤为重要。美国传播学者威尔伯·施拉姆在《传播学概论》中有这样一段描述：“广播员洛厄尔·托马斯上电视时，有时向观众眨眨眼，好像是说‘我们对这种严肃的新闻不要太认真了，我们也来看看事情富于人情味的一面吧’。”这是善于用“眼语”的一个例子。一般来说“眼语”应该从注视的时间、方式和方向等方面去读解。准确地理解，并熟练地运用目光，便能微妙地表达出内心的思想、意图、情感等种种信息。

（3）服饰语言

人的穿着、服饰、打扮有时也会表明某种含义。在古代，服饰曾是判断一个人社会地位、职业、身份甚至种族的标志。在今天，这些标志已经不一定可靠了，但是积淀在历史文化传统中的民族习惯、审美情趣，仍然可以通过服饰传达出某些国民气质、时代风尚、文化特色等信息。人的穿着、服饰、打扮有时也会给人以强烈的印象，表明某种含义。比如，1995 年 1 月 17 日日本神户发生大地震，人们看到电视台的男女主持人都身着黑色服装，神情严肃。NHK 电视系统的一位中年新闻节目主持人，平时西装笔挺，态度得体而潇洒，但在 18 日《晚间新闻》的节目中他没有刮胡子。这在日本是难以想象的事，但那天晚上，屏幕前的观众对他肃然起敬。另一位著名的女主持人樱井良子，带着熬红的双眼和疲惫的面容，仍不失风度地和正在灾区采访的记者们通过设在广播室的大屏幕进行对话，边做记录边用图表和模型向观众介绍，等等。在电视屏幕上，我们也常常会看到一些主持人的穿着打扮与环境气氛极不协调，如在地震灾区采访的主持人满身的珠光宝气；身着休闲的服装却在谈着一个严肃的话题；明明是悲哀的时刻却有着亮丽的色彩……这些都显得很不得体。服装和饰物也是传达信息的载体，在特定的传播条件下，具有明确的表情达意功能。

日常生活中，人们也讲究穿着得体。在新闻传播中，更要注意服饰的传播效果。对电视新闻传播者来说，服饰语言的功效和意义在于，它可以提高对受传者的吸引力，特别是可以使劝服性信息的传播达到预期的效果。记者身着什么服饰，要根据具体场合而定，如到矿井里面去采访，最好穿着工装，戴上安全帽；到农村田间采访，最好穿着朴素，不要西装革履，花枝招展。在电视传播中，主持人、记者的服装语言，同样具有吸引受传者注意的作用，对其传播的内容也有辅助性劝服作用，犹如商场里推销时装的推销员经常身着正被推销的时装吆喝。

（二）主持“求通”的途径

主持人既是讯息传播中的媒介人物，又是万众瞩目的公众人物，他所承担的主要社会责任就是沟通受众的认知和感情，协调社会关系，凝聚人心等。所以他是创造和谐社会，营造和睦氛围的重要力量。主持人的传播活动实际上就是一种思想交流和感情沟通。亚里士多德在两千多年前就曾提出一个观点，他认为通过论辩或演说本身（即传播信息本身）说服听众，要感情与理智并用。就是在传播信息时，既要诉诸感情又要诉诸理性。我们今天的传播实践一次次印证了这个论断的正确性，通常我们采用两种方法：一种是运用理性或逻辑的力量，冷静地摆事实、讲道理，以达到以理服人的目的；另一种是主要通过营造某种情境气氛或声情并茂的动人言辞来感染对方，以取得以情感人的效果。

主持人在节目中只有恪守下列一些基本原则和方法，才能够有效地与受众同道相益，共享讯息。

1. 人相知，众相望

马克思认为：社会是人们交互作用的产物。社会是人类进行现实活动的场所，人们在这个场所中，通过扮演各种角色相互交往，形成生活的共同体。他说：“社会——不管形式如何——究竟是什么呢？是人们交互作用的产物。”他又说：“人的本质并不是单个人所固有的抽象物。在其现实性上，它是一切社会关系的总和。”主持人在家庭生活中和社会生活中所充当的角色是有所区别的，譬如，在家庭中他可能是一个父亲或者儿子；在社会中，他可能是“人类灵魂的工程师”“人民公仆”“党和人民的喉舌”等。处在不同的社会环境和不同的社会关系中，就需要发挥出各自不同的社会角色作用。既不能用家庭中的角色意识来取代职业角色意识（如“家长作风”等），又不宜用职业角色意识来支配社会关系（如“好为人师”等）。所以主持人必须首先学会正确转换自己的角色。

2. 言相通，心相照

语言是沟通人们思想和感情的重要工具。但是常言道，酒逢知己千杯少，话不投机半句多。人们的言语交流总是在一种特定的关系中进行，关系不融洽，交流就不顺畅。言语是建立这种融洽关系的桥梁，善为说辞显然能够沟通感情，畅达意涵。主持人只有具备这样的语言能力，才能够发挥广泛交流的传播作用。这种语言能力的习得需要遵循这样几项规则。

（1）互敬的原则

按照马斯洛的心理需求理论，受到尊重是人类较高层次的生活需要。相互尊重是文明社会的基本特征，人人都有自尊心，都期望得到别人的认可、赏识和尊重。这种需要的满足，会增强人的自信心和上进心。因此，主持人的语言首先要遵循互敬的原则。

（2）互谅的原则

互谅的原则要求主持人胸怀开阔，宽宏大量，容忍谦让。这种相容的品格在中国自古就被视为人们立身处世的一种美德，如明代朱衮在《微观子》中所说的："君子忍人所不能忍，容人所不能容，处人所不能处。"在主持人节目中，特别是各抒己见的谈话节目中，难免会有意见的交锋、观点的争议，有的还会牵涉到个人或团体的利益，如果事无大小，动辄训斥、指责，以针尖对麦芒，心理的距离会越拉越大，话题会越来越谈不拢。

（3）互通的原则

互通的原则要求主持人不要只从个人的意志、心理和需求出发来表情达意，而要多站在别人的角度和处境上，去理解对方的心理与情感、言行与需求，以求得双方一定程度上的价值认同，从而使节目得以顺利进行，达到预期的交流目的和言语效果。这也就是所谓"换位思考"的基本含义。

（4）互适的原则

俗话说："到什么山唱什么歌，见什么人说什么话。"任何言语交际，都是与某些特定的社会环境、特定的交际对象、特定的交际宗旨联系起来的。主持活动与一切社交活动一样，都是以与对方进行信息、情感交流为目的的双向互动、互补的过程。要达到交流的特定目的，表达者的言语形式要能恰如其分地表情达意，同时交际对象还要能够准确理解、乐于接受。

3. 习相近，趣相投

每个民族都有自己的风俗习惯，这些风俗习惯在特定的时间和空间影响着社会关系的方方面面，主持人的传播活动当然也不例外。而其中对传播影响最大也最直接的是言谈举止间的礼俗传统。中国素称礼仪之邦，所以人际交流中的礼数也特别多，它不但贯穿从见面到分别的全过程，而且涵盖交际的各个方面。

4. 礼相随，情相融

儒家文化是中华民族的主要文化形态，而儒家文化的核心是重视为人之道，即修己安人，锤炼人格，它的标准就是“合礼”。对于礼的实质，孔子在《礼记·仲尼燕居》中说：“礼也者，理也。乐也者，节也。君子无理不动，无节不作。”这就是说，在孔子看来，礼就是事情之理性，是不可不遵循的规律，违礼则乱，礼是人们一切行为的准则。他认为礼的运用就在于“和”。有子曰：“礼之用，和为贵。先王之道，斯为美。小大由之。有所不行，知和而和，不以礼节之，亦不可行也。（出自《论语·学而》）”和，即和谐、适中、恰如其分。子曰：“非礼勿视，非礼勿听，非礼勿言，非礼勿动。（出自《论语·颜渊》）”这“四勿”正体现了这种价值观念。在中国古代，“礼”具有社会政治规范和行为道德规范的双重含义，对维系人际关系十分有益，所以说，“合礼”是中华民族重要的价值观念。因为“礼”是一切行为的规范，那么主持人的传播行为也必须符合“礼”的要求。

5. 意相会，理相同

以上我们所讨论的主要是在汉民族文化圈内的交流问题，然而，在信息化时代，跨文化交流显得越来越重要。我们不仅要学会与本民族人交流思想和情感，还要学会和外国人交流思想和情感。只有通过畅通无阻的跨文化交流，才能实现人与人之间的理解和信赖，才能共享人类文化成果。

第五章　播音与主持语言创作的内部技巧

第一节　情景再现

情景再现，是播音员在播音创作中调动思想感情，使其处于运动状态的重要手段，是具有播音特点的重要术语。正确地运用“情景再现”对于播音员更好地驾驭播音作品，具有十分重要的意义。

一、情景再现的概念

（一）情景再现的定义

情景再现就是在符合稿件需要的前提下，以稿件提供的材料为原型，使稿件中的人物、事件、情节、景物、情绪等在自己的脑海里不断浮现，形成连续、活动的画面，并不断引发相应的态度、感情的过程。如：

天高云淡的潘帕斯草原、热情奔放的探戈，这就是遥远的阿根廷带给我们的最直接的印象。这里的文化孕育出了个性鲜明、狂野奔放的阿根廷球员，从肯佩斯、卡尼吉亚到雷东多、巴蒂斯图塔，他们身上仿佛都有一种风的飘逸、风的轻灵、风的狂野。长发是他们的标志。阿根廷球员踢球就像骏马在潘帕斯草原上驰骋，长发随风而动，潇洒随意，同时又透着一种狂放不羁。这也正是阿根廷的足球风格。

分析：“草原”“探戈”“长发”，都是让人浮想联翩的形象，特定的解说词规定了具体的画面场景，这就要求播音主持创作主体的情景再现要具体可感。“天高云淡”“热情奔放”“潇洒随意”“狂放不羁”这些词语的限定，以及“风的飘逸、风的轻灵、风的狂野”的排比手法，都给情景再现注入了新鲜活力。有声语言的表达必须从词语的感觉入手，想象它的存在、体验它的真实，最后生动地把它表现出来。

（二）情景再现的内涵

①情景再现属于一种联想、想象活动，是对播音员、主持人再造情景这一想象特点的概括。

②播音员、主持人的联想与想象必须以语言内容为依据，以符合稿件的需要为前提，必须呼应稿件规定的目的、性质、范围、任务，不能信马由缰、任意驰骋。

③依据语言内容想象出的画面应该是连续、活动的，有内在联系的，而不是孤立、静止的。

④播音员、主持人进行联想、想象的目的应该是引发相应的态度、感情。

（三）情景再现的展开

在对稿件进行二度创作的过程中，播音员、主持人可以按下列四步来展开自己的思想感情。

第一步，理清头绪。这一步主要是从情景再现的角度对语言内容进行梳理，它与备稿当中的划分层次有一致之处，也有不同之处。它更注重从画面的角度来理清内容的头绪，包括把握结构，明确先后顺序，把握画面的主次详略及特点。

第二步，设身处地。设身处地就是通过想象，将自己置身于稿件所描述的情景中，缩短自己与稿件所述情景的时空距离以及与人物的心理距离等，使自己迅速投入到稿件所规定的情景中，获得现场感，感到“我就在”。

第三步，触景生情。触景生情是情景再现的核心问题。这里强调的是内心积极的反应，摈弃的是“视而不见”“充耳不闻”式的无动于衷。在触景生情这一步，播音员、主持人还要掌握两点要求：一方面是反应积极；另一方面是以情为主，情景交融。

第四步，现身说法。当内心情感积累到一定程度时，自己就想把“亲眼所见、亲耳所闻、亲身所历、亲身所感”的情景再现给受众，并使受众产生某种情景的再现，从中受到感染。这也正是创作主体始而有意、继而实现的责任。

以上四步并非界限分明，而是联系紧密的，常常你中有我、我中有你，目的就是在表达中让播音员、主持人的思想感情运动起来。

二、情景再现应注意的问题

①情景再现要以播讲目的为中心，受播讲目的的引导和制约，不要为“情景再现”而“情景再现”。

②播音员、主持人要善于调动各方面的积累，对情景加以丰富和补充，加深创作主体的体验。

③把握情景再现准备与播出时的区别。第一，准备时有较充足的时间去展开想象、再现情景，而播出时语句要连续不断，一句接一句，没有时间去细致展开。如果播出时仍浮想联翩，容易造成情景分离，致使说到下句时，内心还停留在上句。第二，准备时，创作主体脑海中的画面较清晰、形象较鲜明，而播出时，往往景已模糊但情越加凸显。在这个阶段，播音员、主持人不必再细致地展开想象，只需让情景稍加显露，重要的是快速唤起自己准备时的具体感受和触动心灵的那一点，也就是说播出时想象要凝练。

三、情景再现的运用过程

在播音主持中，情景再现可以分为三个过程，即先知过程、认知过程和感知过程。情景再现的先知过程是基础与前提，只有事先对资料做好充分的准备，才能为后续工作打好扎实的基础。认知过程是承接传授者和接收者之间的桥梁，只有对新闻本体和受众本体有所了解，才能建立良好的沟通氛围。感知过程是关键一步，只有将稿件中的情景和情感有了真切的体会，才能与受众产生共鸣、优化传播效果。因此，这三个过程不能顾此失彼，要相辅相成，缺一不可。

（一）情景再现的先知过程

对于“先知”的含义，我们在汉语词典可以查到，它是指对人类或对国家的前途与大事觉察得较早的人。同样，“情景再现”的先知过程指播音员、主持人根据稿件的内容进行前期准备、中期分析和后期预测，并在此基础上产生联想和酝酿情绪的过程。首先，主持人要根据稿件内容厘清头绪，合理划分层次，对稿件内容有一个全面的了解，把握重点，形成一个便于理解和把握的脉络。其次，要根据稿件内容构思情景，充分展开联想，在脑海中呈现与内容相联系的画面。比如，有水的时候就要联想出是滔滔不绝的江水还是清澈见底的小溪，有山的时候就要联想出是连绵的青山还是孤独荒秃的山头。这就要求播音员、主持人必须根据上下文之间的联系和主要表达的感情，选择最合适的场景，并把各种画面构成一个连续、动态的整体。最后，在设置出的情境中去体会所要表达的感情，做到情由心生，即此时此刻自己就好像在这个情境中，自己就是故事的主人公。将稿件所描绘的一切作为自己亲耳所闻、亲眼所见和亲身所为的，真正融入情景之中，从而激发自己的感情，获得现场感。当然，想象不是凭空产生的，它跟每个人的知识素养、生活经历和理解能力都有极大的关系，有的人只能肤浅地理解稿件内容，有的人却能通过稿件引发丰富的联想，并在此基础上结合社会生活发展理解稿件内容，从而使播音过程更加深刻、实际，这种播音也更加贴近受众生活。因此，这种播音也更容易被接受，更容易与受众产生共鸣。所以，同一篇稿件、同样的内容由于传播者的思想深度和感情色彩不同，所引起的播出效果往往也截然不同。

（二）情景再现的认知过程

“认知”在汉语词典中的解释为，对某人或对某事物能够辨认识别。播音员、主持人在理解稿件、具体感受的时候，往往会发现，文章中所描写出的人物、事件、情节、场面、景物、情绪正逐渐被自己所认识、接受、领会，似乎是自身已经经历或正在经历着的事情，正置身其中，看着、听着、感受着、感动着。这时，透过文字的表面，其背后的客观世界正展现在播音员、主持人面前，生动的形象、发展的事件、场面的气势、景物的色彩、情绪的变化都涌现了出来，甚至可以触摸、感受到。这就是我们所说的情景再现中的认知过程。在播音主持中，情景再现是极其重要的环节，也是播音员、主持人必备的技能。要想实现情景再现，不仅要努力做到与受众共享信息，还要做到与他们产生“认知共识”和“愉悦共鸣”。通过情景再现，节目内容能更加立体、生动地呈现在受众面前，与受众形成情感上的互动。

（三）情景再现的感知过程

所谓“感知”，我们同样在汉语词典里可解读到其字面意思，即“客观事物通过感官在人脑中的直接反映”。情景再现的主要目的是增加节目的感染力、吸引力和表现力，从而增强节目的效果。播音员、主持人只有深刻地体会稿件中的情景和感情，才能将内容更为准确、生动地传递给受众，从而感染受众、熏陶受众。如果情景再现只止于先知、认知阶段，只停留在播音员、主持人那，文字所描绘的情景只能由其感受到，无法使受众获得相应的感受，那么我们的传播就失去了意义。因此，情景再现的感知过程更为重要。与前两个阶段相比，这一阶段对播音员、主持人提出了较高的要求。因为它不仅要求主持人能自己理解内容、体会感情，还要通过合适的方式，把内容和感情完整地传递给受众，由“自知”实现“他知”，最后共同“感知”。情景再现的先知过程、认知过程和感知过程是紧密联系着的，但也存在较大的差别。在先知阶段，对事件的认识要有独特视角。在认知阶段，要根据新闻事件中的场景展开联想并体会感情，在此过程中，对稿件内容的分析可以非常细致，在引发感情的细节上既可以心驰神往，又可以反复体味，以加深印象。在感知过程中，则要求播音员、主持人的思绪比较连贯，唯有如此，在进行有声语言的表达时才不会造成语言的不流畅。因此，这就要求播音员、主持人在准备稿件的过程中对内容有深入的理解，能合理地安排播音层次和重点，使思想感情的运动状态比较扎实、稳定，能牢固地保存在记忆中。这样一来，在播音的时候，语言文字的刺激就会立即引起连锁反应，情景再现就可以十分顺利地展开，播音主持的过程也就更加流畅。

四、情景再现的能力要求

（一）扎实的语音基础

播音员、主持人并不是面对面地直接与受众进行交流，既看不到受众的面部表情，又不能及时得到受众的反馈，播音手段的单一性和交流的间接性给播音主持工作带来了困难。与电视节目相比，播音主持传递信息的难度更大。因此，播音员、主持人要具有扎实的语音基础、娴熟的播音技巧。在播音主持过程中，要在“目中无人”的条件下，努力做到“心中有人”，也就是要对受众进行具体设想，从感觉上把握受众的存在，时时与受众进行思想感情的交流、呼应，也就是要提高对象感。由于无法同受众进行正面交流，播音员、主持人只能通过更多的外部技巧来增强播音效果，这就要求播音员、主持人在重音、停连、语气、节奏上多下功夫，并借助音响等外部设备增强表达效果，使受众也能够有种身临其境的感觉，与主持人产生共鸣。

（二）丰富的社会阅历

要做到情景再现，需要主持人知识渊博、阅历丰富，对多方面知识都有所了解，这样才能在播音主持中把握主旨、准确领悟、深刻体会，并对情景加以丰富和补充，增强表达效果。在社会中的不断磨砺是主持人胜任主持工作的基础，只有这样，才能随机应变、从容应对。这来自工作中的积累，也来自平时勤奋的学习和观察，有的播音内容看似比较简单，但如果笼统地按照字面语言去展开联想的话，就会失之于干瘪。那么碰到这类情况时，播音员、主持人就要进行丰富的联想，用自己的经历、经验和各种知识去补充，使文字语言变得更加形象、生动、丰富。当然这些联想和想象要依据文章内容进行，千万不能牵强附会，更不能南辕北辙。

因此，播音员、主持人除了要掌握必要的播音技巧外，还要学会在生活中多观察，要不断地更新所学，充实自己，要时刻感受身边不断发生着的变化，更好地把握时代主题，紧扣时代脉搏，贴近群众、贴近生活。这样，才能在播音主持的过程中更好地运用情景再现，更好地与受众进行沟通。

五、案例分析

母爱

我生在西部一个极度缺水的沙漠地区，这里，每人每天的用水量只有三斤，饮用、洗漱、洗菜、洗衣，包括喂牲口，全都依赖这三斤珍贵的水。这些水还得靠驻军从很远的地方运来。

人缺水不行，牲畜也一样，终于有一天，一头向来温顺的老牛挣脱了缰绳，闯到运水车必经的公路旁。运水的军车来了，老牛迅速冲上公路，司机紧急刹车，停了下来，老牛停在车前，任凭司机怎么呵斥驱赶，它就是不肯挪动半步。五分钟过去了，十分钟过去了，双方仍然僵持着。运水的战士以前也碰到过牲口拦路喝水的情形，但它们都不像这头牛这般倔强。人和牛就这样对峙着，性急的司机反复按响喇叭，可老牛仍然一动不动。

后来，牛的主人来了。恼怒的主人扬起长鞭，狠狠地抽打瘦骨嶙峋的老牛。牛被打得哀哀叫唤，但还是不肯让开。它凄厉的叫声，和着沙漠中阴冷的风，显得分外悲壮。一旁的运水战士哭了，司机也哭了。最后，运水的战士说："就让我违反一次规定吧，我愿意接受一次处分。"战士从水车上取出半盆水，放在老牛的面前。

出人意料的是，老牛没有喝水，而是对着夕阳，仰天长哞，似乎在呼唤什么。不远的沙堆背后跑来一头小牛。老牛慈爱地看着小牛贪婪地喝完水，伸出舌头舔舔小牛的眼睛，小牛也舔舔老牛的眼睛。静默中，人们看到了老牛和小牛眼中的泪水。没等主人吆喝，它们掉转头，在一片寂静中慢慢地往回走去……

分析如下。

第一步：理清头绪。

《母爱》写的是在极度缺水的沙漠地区，一头瘦骨嶙峋的老牛，强行拦住运水的军车，但它并没有喝以死抗争得来的水。文章有三个层次：当地缺水极其严重；老牛挡住了送水车的路，主人寻来，发现那头一直被人们认为憨厚、忠实的老牛在拦车索水，恼羞成怒，用长鞭恨恨地抽打；老牛把以死抗争得来的水给小牛喝。文章分别从这三个方面讲述一份浓浓的母爱。三个层次有情有景，尤其最后一个层次是文章的核心。理清头绪后，对文章的发生—发展—结尾就很清楚了。

第二步：设身处地。

设想自己生活在干旱缺水的西部。“这里，每人每天的用水量严格限定为三斤。日常的饮用、洗漱、洗菜、洗衣，包括喂牲口，全都依赖这三斤珍贵的水。”这么一点点水却有这么多用途，让人有点不可思议。三斤水，也就是才三瓶一升装的瓶装矿泉水那么多。联系自己日常的用水情况，可知缺水的严重程度。

就在这样的环境里，你试着把文章演绎成电影，再一步步分解事件发生的过程，谁先出场？做了什么？谁又出场了？两者之间是什么关系？出人意料的结尾中又出现了谁？你仿佛置身于故事发生的现场，真切地体会整个故事的气氛转换。

文章虽然短小，内涵却十分丰富，情节一波三折。先是“老牛迅速冲上公路，司机紧急刹车”；再是“牛的主人来了，恼怒的主人扬起长鞭，狠狠地抽打瘦骨嶙峋的老牛，牛被打得哀哀叫唤，但还是不肯让开”；最后是“老牛慈爱地看着小牛贪婪地喝完水，伸出舌头舔舔小牛的眼睛，小牛也舔舔老牛的眼睛”。文章没有华丽的词语，用基本上近似白描的写作方法，人们更容易用日常生活中的体验去把握老牛、小牛的心理活动。

第三步：触景生情。

不同的文章让我们有不同的情感体验，有的文章让我们高兴，高兴到手舞足蹈；有的文章让我们感动，感动到热泪盈眶；有的文章让我们忧虑，忧虑到茶饭不思……这篇文章带给我们的是什么样的情感体验呢？读了之后，你高兴了吗？悲伤了吗？痛苦了吗？忧虑了吗？愤恨了吗？同情了吗？生气了吗？感动了吗？惊讶了吗？抑或其他？还是这些感情都有？决定播读水平高低的恰恰是我们用什么样的感情色彩与态度将画面再现。在这篇文章中我们可能得到的感受如下。

一是西部缺水地区，满眼都是干裂的土地，没有绿色。我们同情生活在那里的人们，他们的生活不易。三斤水是人类对水的最低要求，是生命之源，只能维持生命。

三是老牛拦路索水，以死抗争的细节描写，表现了老牛坚定的决心，衬托了它的爱子之心，牛的主人狠狠地抽打与运水战士的哭让人物定位十分清楚，主人的自律与战士的人文关怀色彩得以凸显。

三是老牛慈爱地望着小牛将所有的水喝尽，让人进一步感受到母爱的无私与伟大。

第四步：现身说法。

先从情感的角度出发，歌颂老牛这种无私的爱，再从情感升华的角度去说，感谢所有母亲对孩子无怨无悔的付出，从小爱上升到大爱，情感呼之欲出：随着脑海中情节的不断反复，我们把“过电影”变成有声语言的表达，让受众跟着你的播讲一起进入情节当中。

第二节　内在语

在播音创作中常常有这样的情况，一篇稿件，初看平平常常，深入揣摩却意味深长，其中的内在含义往往与字面表达的意思不同。由于性别、性格、语言习惯等原因，或限于说话的场合、环境以及说话双方的身份、地位，或出于得体、礼貌和策略的需要，人们说话经常要委婉、含蓄，不那么直接。不仅如此，生活当中的交谈还会出现“话里有话，弦外之音”的情况，比如下面的这段谈话。

甲：“我最有孝心。”

乙：“我的孝心最强，我从不违背我爸妈的意愿。”

丙：“我也从来不做对不起爸妈的事情。”

甲（慢条斯理地）：“还是我最强，你们想想看，自从我上大学以来，什么时候让我爸妈操心了？”

听到最后，甲的话不是能够立刻弄明白的，再一琢磨，才知道其中的含义。这个过程是需要动脑筋思考的。这就是我们所讲的内在语，它是播音员、主持人的心理活动，为播音语言的表达提供充实的内心依据。

一、内在语的含义

播音的内在语是指那些在文字语言中所不便表露、不能表露或没有完全显露出的语句关系和语句本质。其中，语句关系是语句之间的逻辑关系，可以通过内在语明确地看出它们是怎样衔接成一个整体的。要弄清楚全篇语句之间、小层次之间、段落层次之间的内在联系，使我们获得或并列、或递进、或因果、或转折、或分合等逻辑关系从而明了文章上下衔接、前后照应的程序。接着，再以内在语的形式把我们理解、感受到的逻辑关系显示和引发出来。这样一来，内在语的衔接转化作用，可以帮助我们找到自然贴切的语气，造成一气呵成、浑然一体的效果，增强有声语言的活力。语句本质就是语句的内在含意、感情态度，揭示了语句的本质，就可以引发出贴切的语气进而使得有声语言深刻丰富、耐人寻味，对表达起到深化含义的作用。

既然内在语没有明确地在文字中显示出来，那么就需要我们努力挖掘文字后面更深刻的含义、把握鲜明的语句关系。明晰、准确的内在语会激活我们的有声语言，使我们自然、真实地把稿件的话变为自己心里要说的话，传达给受众。内在语并不在播音员的有声语言中出现，它是播音员的内心意念，使思维与感情处于运动状态，对有声语言的表达起着引发、深化的作用。

二、内在语的把握

对内在语的把握应注意两个方面：一是语句本质的差异，二是语言链条的承接。

内部语言具有片段性的、不完整的特质，有时是一个短的词组，有时甚至是一个词、一个问号或感叹号。它并非必须有完整的语句形式，甚至要防止事先写好大段的独白。在背诵稿件时，应生动、灵活地再现这些思考与判断的过程。

人的思想活动虽然是在内心进行的，但能从外部的各方面反映出来。播音员、主持人在进行有声语言创造时，要积极寻找各种外部表现手段和机会，把体验到的内心独白鲜明地体现出来，使人物的内心生活充分地展现在观众面前。

（一）语句本质的差异

在一般情况下，语言和内在的含义是一致的。但有时语言和内在的含义又是不致的，往往语言表面上是“这个”意思，但思考一下，会发现实际上它是“那个”意思。而且，这两个意思还不一样，甚至是相反的。有声语言的创作是否正确、恰当，被内在语制约着，不是简单地把文字转化成声音就大功告成了。在播音主持中，如果把内在的意思给播反了，立场、态度和观点就都变了。一般来说，把语句的意思播反了，很大一部分原因是用错了内在语，当然，也有表达方法不得当的原因。

来看小故事《中计》，看看其中内在语的用法。

七月初的一天，在辽宁省海城县一个小山村里。住在张大伯家的某部侦察排的战士们刚刚起床，就看见房东张大爷气冲冲地走进屋来。张大爷绷着个脸问道：“昨天，你们谁进了我家东菜园，把菜地弄得乱七八糟？”一句话把全排战士给问怔了，互相看了看，谁也没吭声。

这时候，有一个小战士脸一下子红到了耳根。他叫洪松彪，是今年才入伍的新战士，原来，昨天晚上是他悄悄地跑到菜地里，帮张大爷干活的。小洪心里直打鼓，他想，是不是我铲地的时候伤了苗？是不是水浇多了淹了菜？小洪越想越不安。这时候，张大娘又跑进来火上浇油地说："老头子，别跟他们说了，咱们去找指导员说个清楚。"

话音未落，就拉着张大爷的袖子往外走。

刚刚十八岁的洪松彪，哪见过这个场面呀，小伙子沉不住气了，马上开口说："大爷、大娘别发火，昨天是我跑到菜地里去的。我看你们二老年纪大，大爷成天忙着队上的事儿，顾不了家，就抽空帮你们干了点活。谁知道我不会干，给你们添了麻烦，真对不起你们，有多大的损失我一定赔。"说着就伸手掏钱包。张大爷看到这个情景，倒哈哈大笑起来。大娘也跟着笑起来，她疼爱地拉着小洪的手说："孩子你受委屈了。"小洪纳闷地抬起头来看着两位老人，张大爷得意地说："孩子，你中计了，打从你们到我们村来搞训练，就给大家伙干了那么多的好事。可我们就是不知道是谁干的，昨天晚上我和你大娘一合计呀，就想出这个小计策来。果不出所料，你们还真中计了。"

全排战士这才恍然大悟，和张大爷、张大娘一块笑了起来，洪松彪，这个虎头虎脑的小伙子却像大姑娘似的，羞涩地低下了头。

分析：张大爷说的"中计"不是真的上了圈套的意思，所以这句话的语气应该是感谢、诚恳疼爱的，而非字面意思上的得意洋洋。内在语为"（好）孩子，你中计了"。

（二）语言链条的承接

语言链条的承接是指在语句、段落的前面或后面，运用内在语的转折、连接作用，造成一气呵成、浑然一体的效果。它有以下作用。

1. 发语作用

在语句、段落之前，借助内在语把语句、段落播好。见下面这个材料。

据新华社电，昨天是西方母亲节。中华母亲节促进会会长、全国政协委员李汉秋表示，他已与 45 位全国政协委员联名吁请设置中华母亲节，日期将定在孟母生孟子之日，即每年的农历四月初二，以纪念伟大的母亲孟母。李汉秋表示，今年中华母亲节（阳历 5 月 18 日），北京、天津、南京、福州等几十个城市的一些学校将率先开展起来。

分析：这篇新闻的导语如在前面加上内在语"中国现在时兴过'洋节'"，

就可以把播音员、主持人的态度和消息的目的统一起来，告诉人们要维系中华文化血脉、培育中华民族精神，过我们的中华母亲节。

2. 转换作用

由上一段、上一句到下一段、下一句，在需要转换的时候，可以借助内在语“过渡”。示例是上面这篇新闻的主体，在导语与主体之间，我们可以加上内在语“近年来，大家都知道已经有母亲节了”，这样就能够起到承上启下的过渡作用。

3. 回味作用

上文结束后，使用内在语，可以使全文不管是漾开缓收，还是戛然而止，都会给人以语已尽而情尚存的印象。上篇新闻的结尾如下。

另外，我国传统节日以及上了岁数的人的生日多以农历计，只要社会重视，即使是以农历计的节日也不怕不好记。建议每年的日历在这天标出中华母亲节，这样就更不会遗忘了。

分析：本文的内在语是提倡过中华母亲节，尽管可能有农历计日的麻烦，但也是可以解决的。新闻结束时，这样的内在语体现了倡导设置中华母亲节的可行性。

三、挖掘稿件的内在语的方法

在播音主持工作中，怎样才能更好地发现文章的内在语呢？可以从下述三个方面着手。

首先，通读稿件，确定播出目的。

其次，在稿件的大层次间往往能够看出承接的特点和意图，主要是体现在语句的衔接上。

最后，在每个具体的语句中探察作者的态度和感情，看看作者在文字的后面藏着什么意思。

总而言之，内在语是潜藏在台词下面的人物的思想、愿望，是台词的真实含义。斯坦尼斯拉夫斯基说，“潜台词就是使我们说出角色台词的那个东西”。潜台词存在于一切台词之中。一句简单的话就可能有多种潜在意思，即所谓的“弦外之音”“言外之意”。当人物采取直接的方式表达思想感情时，他的台词与潜台词是一致的；而当人物采取曲折的方式表达思想感情时，他的话中就有了“弦外之音”“言外之意”。

在进行稿件朗读时，应充分运用语言技巧，使观众能清楚地感受到台词中的“言外之意”。

四、案例分析

妈妈喜欢吃鱼头

在我依稀记事的时候，家里很穷，一个月难得吃上一次鱼肉。每次吃鱼，妈妈先把鱼头夹在自己碗里，把鱼肚子上的肉夹下，极仔细地捡去很少的几根大刺，放在我碗里，其余的便是父亲的了。当我也吵着要吃鱼头时，她总是说：“妈妈喜欢吃鱼头。”

我想，鱼头一定很好吃。有一次父亲不在家，我趁妈妈盛饭之际，夹了一个，吃来吃去，觉得没鱼肚子上的肉好吃。那年外婆从江北到我家，妈妈买了家乡很贵的鲑鱼。吃饭时，妈妈把本属于我的那块鱼肚子上的肉，夹进了外婆的碗里。外婆说：“你忘啦？妈妈最喜欢吃鱼头。”外婆眯缝着眼，慢慢地挑去那几根大刺，放进我的碗里，并说：“伢啦，你吃。”接着，外婆就夹起鱼头，用没牙的嘴，津津有味地嘬着，不时吐出一根根小刺。我一边吃着没刺的鱼肉，一边想：“怎么？妈妈的妈妈也喜欢吃鱼头？”

29岁时，我成了家，另立门户。生活好了，我俩经常买些鱼肉之类的好菜。每次吃鱼，最后剩下的，总是几个无人问津的鱼头。而立之年，喜得千金。转眼女儿也能自己吃饭了。有一次午餐，妻子夹了一块鱼肚子上的肉，极麻利地捡去大刺，放在女儿的碗里，自己却夹起了鱼头。女儿见状也吵着要吃鱼头。妻说：“乖孩子，妈妈喜欢吃鱼头。”谁知女儿说什么也不答应，非要吃不可。妻无奈，好不容易从鱼肋边挑出点没刺的肉来，可女儿吃了马上吐出，连说不好吃，从此再不要吃鱼头了。

打那以后，每逢吃鱼，妻便将鱼肚子上的肉夹给女儿，女儿总是很艰难地用汤匙切下鱼头，放进妈妈的碗里，很孝顺地说：“妈妈，您吃鱼头。”

打那以后，我悟出了一个道理：女人做了母亲，便喜欢吃鱼头了。

分析如下。

文章平实生动，清新感人，三位不同的“母亲”却同样选择喜爱鱼头。作者从三个“妈妈”在吃鱼时都挑鱼头，把营养丰富的鱼肉留给自己的儿女吃这么一件看似平常无奇的事，悟出了一个道理：“女人做了母亲，便喜欢吃鱼头了。”从而含蓄、情不自禁地赞扬了母性的伟大。

因此，挖掘内在语的第一步是通读稿件，确定播出目的。本文的播出目的是通过播读这篇作品，倡导人们感恩母爱。母亲给予了孩子一切，这些是无法用金钱衡量的。内在语的第二步是在语句的衔接处发现起承转合的特点和意图。从作者儿时“吵着要吃鱼头”到自己的女儿“也吵着要吃鱼头”，两个层次并列推进故事的发展。孩子们吃了鱼头后都得出相同的结论：一个是“吃来吃去，觉得没鱼肚子上的肉好吃”；一个是“女儿吃了马上吐出，连说不好吃，从此再不要吃鱼头了”。第五自然段是疑问的汇合点，作者在这里要表现出事实的真相，即鱼头不好吃，是母亲对儿女的浓浓疼爱才使得“女人做了母亲，便喜欢吃鱼头了”。挖掘内在语的第三步是找到作者在文字后面藏着的意思，着重把握好态度、感情的分寸。像“鱼头”这样的故事，在母亲们身上发生了多少次呢？像“妈妈喜欢吃鱼头”这种美丽的谎言，母亲们又说过多少次呢？作者用一个“鱼头”写三代母亲，这是因为从“鱼头”上发现了他们家母亲们的共同点——伟大的、不显山露水的舐犊之情。与其说这些是作者家里三代母亲的共同点，不如说这是天下所有母亲的共性。作者的态度是赞美、歌颂母爱，感情真挚、朴实。

第三节　对象感

在广播电视节目中，播音员、主持人在主持节目时，必须要针对节目的特点对稿件进行认真研究。应把握好稿件所对应的受众的知识层次和接受程度。面对话筒，播音员、主持人在播出过程中如何把握稿件的对象感非常关键，可以说它是展现节目魅力的灵魂所在。那么，什么是对象感呢？

所谓“对象感”，就是播音员、主持人必须设想到对象的存在和对象的反应，必须从感觉上意识到听众的心理，包括要求、愿望、情绪等，并由此而调动自己的思想感情，使之处于运动状态。由此可见，对象感是播音员、主持人的主观表象、意象，也许同客观现实有出入，但他们的主观联想和想象一定是建立在对客观现实的积累、分析和取舍之上的。

一、对象感的获得

怎么才能获得对象感呢？我们可以抓住以下三个关键方面。

（一）把握节目的特点

观看众多节目后我们可以发现，有些类型的节目其受众十分广泛。比如，新闻类节目、社教类节目、生活类节目等。它们的受众不分性别、不分年龄，包括各种身份、各种职业、各种兴趣的人。但是，节目特征的典型化和受众市场的细分，使节目和受众的关系更为复杂和微妙，比如，有的人喜欢看中央电视台的《新闻 1+1》《新闻联播》这样政策性强、新闻时效性高的节目；有的人喜欢中央电视台李咏主持的《非常 6+1》，有的人对深圳卫视的《饭没了秀》情有独钟；有的人则是重庆卫视《拍案说法》、中央电视台《今日说法》节目的忠实观众，通过聆听专家、律师对案例的分析、解释，自己可以了解一些与生活息息相关的法律知识。因此，不同的节目对播音员、主持人对对象感的具体把握提出了不同的要求。同时，主持人的声音、形象、个性、气质、素养要和节目的特点与风格贴合。

（二）掌握受众的情况

掌握受众的情况主要包括两个方面：一是客观情况，包括受众的性别、年龄、职业、学历、人数、环境等；二是主观情况，包括受众收听、收看的动机，兴趣，情绪，心理等。对这些情况的了解可以帮助主持人分析各个阶段的主持效果如何，为什么会这样，应实施怎样的对策等。

（三）把握自身与受众的关系

播音员、主持人与受众的关系是朋友式的，是可以改变的。播音员、主持人主要应从两个方面正视与受众的关系。首先，不能有“受众要什么我就给什么”的思想。不能因为缺乏冷静的思考就倾向于那些媚俗的风气。其次，不要有“话语霸权”的优越感。如果以为媒体的权力掌握在自己手里，想说什么就说什么、想怎么说就怎么说，那就大错特错了。比如有的娱乐类节目主持人十分自我，动辄我认为、我不喜欢、我怎么怎么，这是不可取的。

播音员、主持人获得对象感最重要的是使对象感运动起来，否则所谓的对象感还是空的、死的，不能牢牢地抓住受众，节目就失去了意义。运动的对象感应建立在播音员、主持人把握受众对有声语言表达的反应上，要把握得及时、迅速、准确、得当。对有声语言表达的反应包括两个方面：一是对表达内容的理解和感受；二是对表达形式和状态的反应。此二者都取决于播音员、主持人表达的功力和水平。在播读专业性较强的新闻节目时，它和主持节目截然不同，需要字正腔圆、语速减慢、理清逻辑、简洁有力，连贯性和流畅性非常重要，绝对不能卡壳或者读错。

另外，播音员、主持人还要根据受众的接受能力，运用恰当的表达技巧，把稿件的内容经过自己的理解、感受转化成有声语言传达给受众。随着稿件内容的变化，播音员、主持人再做出相应的有声语言表达的调整。只有当播音员、主持人的对象感主动地运动起来后，它才是真正活跃的。前面说过，播音员、主持人与受众的关系是朋友式的，为了使对象感真切、具体，笔者尝试着这样做，设想一位自己最愿意与其推心置腹地进行交谈的朋友坐在面前，这个朋友是真实存在的，在生活中他最善于也最喜欢聆听你讲话。看着他的眼睛，告诉他稿件的内容，这内容是他不了解却是很想了解的，你觉得这个内容是他非常需要的。在讲述的过程中，可以凭借曾有的经历来重现他的表情和态度，根据他的反馈，调整说话的技巧，甚至忘记自己的声音（因为你的声音已具备播音员的基本功底，不需要再考虑这方面的问题）。在整个过程中，你始终关注的是说话的内容和朋友的反馈。按照这个方法，反复地练习，很快你就能感觉到单向交流的真实感。

下面结合案例《自然灭蚊法》来分析《为您服务》的主持人王小骞是如何通过对象感体现亲和力的。

咱们出去旅游的时候，一般酒店里都会有一些杀虫剂、电蚊香什么的，可有人不喜欢这个味道，不喜欢化学杀虫药品。今天小骞有主意要介绍给你，来听一下。

那就是自然灭蚊法。自然的，完全是全生态的，但是对于这个方法我要特别实在地说，我还没试过。但是据很多试过的人讲，非常管用。因为北京现在还没有蚊子，我无从试验嘛。那先跟大家讲，您可以试一试，假如真的有用的话，请告诉我们。方法简单极了，您就拿一个空瓶，装矿泉水的、可乐的、油的都行，然后是白糖。蚊子跟我一样，我也喜欢吃甜食。往里放上这个，甜一点吧，蚊子喜欢吃甜的。

打开，然后放在床头，也就是蚊子出没比较频繁的地方，像床头、写字台旁边、窗户处都行。用过的人说，第二天早上就可以看到会有很多的蚊子毙命在这个瓶子里。

分析：节目中，主持人并不是一上来就介绍自然灭蚊法的具体操作方法，而是有一个简短的开场白，这段话为内容铺垫了场景、人物，再接着介绍灭蚊法，就显得自然、亲切、顺理成章。

为了使对象感不笼统，具体、生动，我们应该具体设想：这样的稿件，这样的内容，这样的形式，在今天，应该播给什么样的人听？哪些人最需要听？听完了又会有什么样的反应？给什么样的人听最能增强我们的播讲愿望，最有利于达到播讲目的？这些设想是播音员、主持人的内心活动，只有通过设想调动播讲的积极性，才能达到我们的目的。

二、在理解对象感时避免走入误区

在理解对象感方面，人们往往会产生一些错误的认识。例如，有些人主张用“对象交流”来说明宣传中要有对象、要有受众，并要和受众“交流”；又如，初学者容易产生“谁在听，我就播给谁”这样空洞的想法。笔者认为“交流”是有来有往且互为因果的。播音员、主持人在相对封闭的环境中，对于受众在想什么、想说什么、会有什么反应，不可当即得知，只能凭借自己的假想，故将其谓之“交流”欠妥。因此，在节目中，应学会去设想对象的存在，那么，该如何设想呢?

首先，从量和质两方面去进行，其中质的方面又是最根本的。所谓量的方面，是指性别、年龄、职业、人数等，是有关对象的一般情况；所谓质的方面，是指环境、气氛、心理、素养等，是有关对象的个性要求。重要的是，我们在设想对象的过程中，必须从稿件、栏目、受众人群、接受方式等诸多方面进行全方位的设想，深入到每一个细节。只有这样，才能把握全局、有的放矢。

其次，在备稿中，在主持节目前，对具体对象的设想就要完成。一旦开始主持节目，具体对象就应立刻在感觉上出现。其形象也许十分清晰，也许并不明显，但必须把握住对象感。如果对象感时断时续，甚至消失，那就会“心中无人”，影响播音主持节目的感染力。

三、稿件中的对象感必须具体的原因

只有在稿件中找到了具体的对象感，才会对播音主持工作发挥积极的作用。要展开对对象的设想，必须从量和质两方面进行，质的方面又是最根本的。但量和质两方面的具体设想又是相辅相成的，不可孤立对待。播音员、主持人，可以把面对的话筒和镜头当成一位朋友，似乎看到朋友正在听自己诉说。电视播音员、主持人播讲时要看着镜头。这样，当你的形象出现在屏幕上时，就能正好迎上观众的目光，从而产生视觉上的“对象感”。这种想象中的“对象感”，越具体、越明确越好。下面我们来具体分析一个案例。

中央电视台一套每周日中午11：40播出的《本周》栏目的主要目标观众是残障群体，节目主持人是央视著名播音员贺红梅。在该栏目改版后的第一期节目的开头，贺红梅是这样说的：“朋友们好！我是贺红梅，从今天开始我将和大家一起走进新栏目《本周》，您刚才看到的都是一些小生灵，我们之所以用它来作为我们第一期节目的开篇，是因为我们把《本周》这个节目看成了一个可爱的新生命，虽然是刚刚出世，但是希望受到人们的关注，在我们的编辑人员中，绝大多数人还没有当爸爸和妈妈，但是我们对这个节目付出了做父母的情感，我们衷心希望《本周》这个节目能和这些小生命一起健康成长……”

分析：从这期《本周》的开始语中，我们可以看到，“对象感”对播音员、主持人的播讲状态有着十分重要的作用。这个节目针对性很强，面对残障群体，播音员、主持人的状态应该是温情的，“对象感”必须是具体的。在镜头前，播音员、主持人首先必须想到的是，这样的开始语，哪些人最喜欢听？听了以后会有什么反应？播给什么样的人听最能增强我们的播讲愿望，最有利于达到播讲目的？从贺红梅的屏幕表现来看，她在镜头前的“对象感”是很强的。

总而言之，为了获得对象感，在量和质两方面的具体设想是相辅相成的，不可孤立对待；为了获得对象感，我们还应尽可能多地熟知各种对象的情况，让这些具体对象成为我们最了解、最熟悉的人。就某一篇稿件、某一个特定栏目而言，我们设想的具体对象应该是稳定而统一的。同样的稿件、同样的节目，不同的播音员、主持人完全可以设想出不同的具体对象。

四、如何在具体实践中把握对象感

在“对象感”的把握上最重要的是播音员、主持人对自我感觉的调节。

第一，一定要从稿件的内容出发。在播讲中要防止注意力转移，因为传达内容是首要的，其他的如形象、视线、口型等辅助手段都应在进入演播室前完成练习，在摄像机镜头前只能想你要播的内容。

第二，一定要做到心中有人。在播讲的过程中，眼神不能虚，也不能东看西瞅。电视播音员、主持人是独自待在没有观众的演播室里的，需面对镜头寻找感觉，要能意识到观众的存在和反应。进入演播室面对着摄像机，镜头前的自我感觉良好的时候，就能意识到这是在对着观众说话，视线所及之处就好像看到了观众们期待的目光。此时此刻，播音员、主持人的眼神就会发亮，语言随之有了着落，神态也会松弛、自然起来。

需要注意的是，播音员、主持人视线的高低程度也是很有讲究的。视线抬得过高，容易导致屏幕图像出现翻白眼的感觉；视线过低，又容易产生蔑视状。最好的方式是视线平视中稍下的位置，即稍微带点俯视为好。当然，播音员、主持人视线的高低还要根据各电视台的摄像机与播音台位置的高低来调整，有的视线在摄像机镜头底沿处为好，有的则看着镜头最好，还有的要看镜头顶部，不能一概而论，需要播音员、主持人自己在实践中摸索、总结。

五、对象感对于播音工作的重要性

首先，对象感有利于播音员掌握播音稿件的背景和发现新闻背后的新闻。因为，以播音稿件或文艺作品形式出现的文字语言是播音再创作的依据，对于播音员来说，所谓掌握稿件或作品的内容，不仅是要看懂或记住它，还要努力把作者的话变成自己想说的话，努力把他们的写作意图变成自己的播讲愿望，努力把他们寄寓文字之中的思想感情变成支配自己播音的思想感情。而要做到这些，播音员就必须深入地分析、理解并充分地感受体验稿件或作品。在分析理解并感受体验内容的过程之中，我们不难发现这样一个规律：记者、编辑或作家的文字创作，一方面来源于他们对于社会生活的了解认识、理解和感受；另一方面也受到了他们写作时产生的一种对象感的刺激。郭沫若在论写作时曾经讲：“写文章的目的是给人家看的，不是给你自己看的，所以不能只有你自己懂，主要是要使人家懂。要把你的思想表达出来，传达给别人，你自己先要有准确的概念和见解，然后如实地表达出来你所看到的客观事物。”可见，确实存在一种写作对象感。它是指作者在写作时产生的一种同读者及听众进行思想感情交流的心理状态。因为对象感是一切言语活动的要素之一，而写作使用的书面言语也是一种特殊形式的言语活动，所以，它也具备着言语对象感这一基本特征。不过，言语对象感在书面言语的领域内表现为写作对象感，它是作者基于调查、研究、分析、体验社会生活而产生出来的写作愿望，具有一种“火上浇油”的刺激作用。写作对象感与写作目的和针对性结合在一起，融合在稿件或作品的字里行间，体现在主题和基调之中。不同内容的写作对象感帮助作者形成了不同的写作目的和针对性，帮助作者形成了稿件或作品的不同内容、不同风格和特色。譬如，写给少年儿童与写给青年人看的不同，写给文学爱好者与写给体育爱好者看的不同等。所以，播音员要想真正准确、细致、完整地掌握稿件或作品的内容，不仅必须尽可能深刻地领会作者对社会生活的了解，还应该尽可能深入地去领会作者的那种写作对象感和写作意图，尽可能深入地去领会作者与读者及听众交流思想感情的那种心理状态。

其次，播音具有对象感，有利于优化播音员、主持人在话筒前的传播状态。播音员在话筒前的状态，对播音效果有重要影响。什么样的话筒前状态比较好呢？一般来说，在运动着的思想感情驱动下的积极言语状态就很好。当播音员坐到话筒前准备播音时，可以浏览一下稿件，或者回忆一下备稿时的理解感受及创作设计，也可以重温一下目的性和针对性，从而使自己的思想感情运动起来，产生一种表达愿望，即播讲愿望。这种播讲愿望从根本上来说，是一种企图转告人、说服人、回答人、批驳人、教育人、感染人、打动人、启发人的愿望。这种愿望一经产生，便能自发、本能地渴求言语对象并指向一定的言语对象。倘若播音员在话筒前没有产生播音对象感，倘若没有对象感的诱发刺激，还会影响到其准确、细致、完整地传达稿件内容。因为，如果没有传达给听众那种真切的交流感，势必把握不住言语的目的性和动作性，播音就会显得苍白无力、浮浅无味。失去了对象感，也就失去了针对性，使播音显得无的放矢、目中无人。播音员、主持人的心中也无人，播出来的话漫无着落，像在对着空气发言，言语信息也像气体一样在空中消散。

最后，没有对象感就脱离了正常的说话轨道，因而播音语言必然是死板、笨拙的；必然显得不自然、不真实、不灵活，使播音无生气、无灵魂，无生命；势必钻进公式化、程式化、刻板化的死胡同。从根本上来说，倘若播音员在话筒前没有产生播音对象感，就不会进入正常的说话状态，往往会违背生活言语的规律，或者像念经那样唱字，或者像浙东人说的“阿宝念书”那样机械地见字发声，又或者像不高明的朗诵，忽高忽低、忽快忽慢、端着架子，没有对象感的播音，有时连语义都表达不出来。因为失去了正常的说活状态，语法关系也就失去了自己存在的根基，变成了一种僵硬的模式，难以驾驭，长句子更是抓不住要领，全篇听来，支离破碎。

在此，有必要对稿件中“倾情交流”的理论知识和其重要性进行讲解。倾情交流除了要注意对象感、内在语等内部技巧外，还应该注意非语言符号的运用，主要体现在眼神和手势方面。

首先，交流需要注意的是眼神。眼睛除了用来注视之外，还应用来交流。眼神交流技巧一般有以下三种。第一种，一上台就抬头张望，环视四周，扫视全场，或点视、凝视某物某人。这样，通过或明亮有神、或热情友善、或充满智慧、或正直博大、或坦荡敏锐的眼神，告诉观众你是一个坦诚、灵活、自信的人，一个修养良好的人。第二种，在主持过程中，注意用眼神的变化来表达自己内在的丰富感情，主持人的思想感情总是随着内容而起伏变化的。比如说到高兴处，应睁开眼，让它散发出兴奋的光芒；说到哀伤处，可让眼皮下垂，或让眼睛呆滞一会儿，使感情显露出来；说到愤怒时，可瞪大眼，固定眼珠，让眼睛射出逼人的光芒；说到愉快处，可松开眉眼，让眼神充满令人喜悦的光彩；如果希望得到观众的认同、重视，你可无声地、冷静地用期待的目光注视着你的观众。第三种，在主持过程中，目光一般是平视。但根据内容需要，视线可近可远，或闪烁不定、或轮转环视、或用询问眼光与某一观众交流、或用亲切友好的目光寻求观众的支持，总之，你可依据现场情况，选择具有特定含义的眼神，也可以几种方法配合使用，同时，注意与观众之间的眼神交流，以求在语言表达之外获得更多的信息和更多的支持。

其次，交流需要注意的是手势。手势是主持人运用手掌、手指、拳和手臂的动作变化来表达思想感情的一种态势语言。它是一种特殊的语言，其方向、位置、速度和力度都与情感有关。在主持中，恰当地运用手势，对于弥补语言的不足，构成主持人的体态形象，增强主持人的吸引力、说服力和感染力以及丰富的表现力，都有着重要的作用。手势活动的范围可分上、中、下三个区域；另外，还有内区和外区之分。上区指肩部以上，手势在这一区域活动，一般表示理想、希望、喜悦、祝贺等。中区指从肩部到腰部，手势在这一区域活动，多表示叙述事物和说明真理，一般不带有浓厚的感情色彩。下区指腰部以下，手势在这一区域活动，一般表示憎恶、反对、批判、失望等。手势向内、向上（手心向上），一般表示积极、肯定的意思；手势向外、向下（手心向下），一般表示消极、否定的意思。由于手势具有丰富的含义，因此，在播音主持中，手势决不能乱用。一般而言，手势的运用要遵循这样的原则：凡出一手必有所指，凡出一脚必有所因，手莫乱动，脚莫乱行。同时要富有鲜明的个性。这种个性由主持人的性别、年龄、身材、气质、性格所决定，要准确、鲜明。所谓“准确”，是指手势要能恰当地传情达意；所谓“鲜明”，是指手势要明朗化，要简练、适度、自然、雅观。

总之，播音员播音时要懂实情、要有激情，在播音时不能任意做作，更不能用一种刻意修饰的语调、声音、形体语言去面对观众。而是要用一颗真诚坦荡之心，用自然、热诚的态度，使自己内心的情感得以自然流露，并与新闻基调融为一体，借助情感因素这一“催化剂”，去赢取观众情感上的共鸣。

六、案例分析

生活中巧用酒

在做米饭时，如果用的是陈米，在淘过米之后，可在米中加少量水的同时，加入 1/4 或 1/5 的啤酒，这样蒸出来的米饭香甜且有光泽，如同新米。

炒鸡蛋，在炒鸡蛋时，如果在下锅之前往搅拌的鸡蛋中滴几滴白酒，炒出的鸡蛋松软、光亮，有鲜嫩感。

分析：我们经常会在生活服务类节目中得到“家庭小窍门”这样的知识。

这样的节目通常安排在吃饭等休闲时间，受众通常是一边吃饭、一边聊天或者一边干家务，一边收听，捕捉到想要的信息时就注意听一下。比如，在做米饭时，强调加水的同时加啤酒；在炒蛋时，强调在搅拌生鸡蛋时加点白酒，整个主题内容就显得清晰、明了。所以，播音时要善于抓住稿件的主线，把握受众的特定性，并使用清晰的声音和活泼的语气，这样才能更好地吸引观众。此外，稿件所涉及的都是家长里短，内容很简单，并不需要受众费力去理解和分析，播音的重点是播清楚，同时力求使用亲切、活泼、有趣、平易的语气。

中国新高度

——写在中国第一颗月球卫星进入环月轨道之际

“距地球 38 万公里，距月球 200 公里，累计行程近 200 万公里……”随着嫦娥一号卫星 5 日顺利进入环月轨道，这一连串数字，再次记录下了中国航天的新高度。

进入环月轨道，为嫦娥一号最终进入“使命轨道”开展科学探测奠定了坚实基础，同时也表明我国已经具备对距地球 38 万公里的卫星进行精确测控的能力，标志着我国航天测控水平有了新的突破。

这是“嫦娥”飞天之旅的新高度。从中国特色的轨道设计到航天测控网、天文测量网和国外航天测控网“三网一体”的首次联合使用，从火箭的成功发射到卫星顺利入轨，从原计划三次轨道修正改为一次到今天的准确抵月，截至目前，嫦娥一号的飞天历程堪称完美。

这是中国航天史上的新高度。从两弹一星、载人航天到嫦娥工程，中国的刻度从地球铭刻到了月球。一次次的技术突破，一次次的目标迈进，不变的，是中国一代代航天人薪火相传的精神。

这是中国凝聚力的新高度。普通游客走进发射场观看发射，电视直播飞天的每一个关键环节……嫦娥飞天这样一个专业性的科技活动能够如此透明，能够成为举国关注的事件，其背后是综合国力的提升、民族自信心的提升，也彰显出航天事业的公众责任。

在全面建设小康社会的伟大进程中，我们需要这样一些鼓舞人心的时刻，来激励全国人民奋发进取，来鼓舞一代代青年人投身前辈开创的事业。中国航天的无形资产，已经并将继续成为民族凝聚力的一个重要来源。

分析：2007 年 10 月 24 日，“嫦娥一号”从中国西昌发射中心顺利踏上登月旅程。这是“中国制造”第一次离开地球，奔向月球，“嫦娥奔月”的神话终于梦想成真，举国上下一片欢腾，同时也吸引了全世界关注的目光。这条振奋人心的消息，我们在播读过程中应注意把握节奏、语气和音色的美感，既要把这种喜悦的心情带给听众，又要把中国航天史上令人骄傲的事件交代清楚。播音的力度、停连转折以及饱满的激情使得这篇新华时评在直播之后充满了活力，可听性强、听众满意。

无论是哪种类型的稿件，都需要在把握对象感的基础上掌握分寸和基调。只要是讲给第二个人听的内容，不管是哪种语体，有了对象感才能做到有的放矢，才能说到人家心坎上。相较而言，谈心类节目是以第一人称和第二人称的写作方式创作节目的典型代表，它有事、有人、有情，语言口语化较强，风格亲切平易，所以对象感的获得相对容易。而新闻类的节目因为稿件的格式和规范，主持人在语言的发挥上有一定的限制，对象感的获得相对难一些，需要一段时间的磨炼和探索。所以，我们在播音主持中，应由浅入深，逐渐找到对象感。一旦获得了对象感，在运用得比较灵活后，对不同的稿件和节目就可以触类旁通了。

北京孩子阅读障碍率 8%

在中西儿童阅读教育交流与研讨会上，专家指出：北京孩子阅读障碍率为8%。中西儿童阅读教育交流与研讨会近日在北京师范大学英东学术会堂举行。此次活动由北京师范大学教育心理和心理健康研究所、美国伊利诺伊大学阅读研究中心联合主办，北京迪科奕阳儿童阅读顾问有限公司承办。与会专家提出，阅读能力的培养应该从小抓起，儿童期是阅读能力培养的关键时期。

分析：这是一则关于北京孩子阅读障碍的消息，从字面上看并没有特别指定的受众人群，因而，要把握住对象感，我们必须进行具体设想。由于新闻针对的是儿童，我们不妨设想受众就是少年儿童。要想把握住对象感，可以从以下几个方面着手。

①依据节目内容所反映的主题，获得对象感。

②我们所设想的对象应该是稳定、统一的。

③播音员、主持人与所设想的对象之间是平等的关系。

④为了获得对象感、为了使设想的对象具体且有依据，要尽可能多地熟知各种对象的情况，丰富自己的生活体验。

第六章　播音与主持语言创作的外部技巧

重音、停连、语气、节奏，是有声语言表达的外部技巧。播音员的再创造劳动，最终体现为把文字稿件转化为有声语言。它是把文字这种视觉形态转化为声音这种听觉形态的过程，在这个再创造的过程中，需要有对文字形态的稿件的认识，还需要有将其转化为有声语言这种听觉形式的构思，而有声语言的表达技巧，就为构思提供了重要且必不可少的方法，包括重音、停连、语气、节奏四大外部技巧。

第一节　重音、停连

一、重音

在播音中，我们所说的重音，是就语句而言的。词组内部的轻读、重读我们称为“轻重格式”，段和全篇的重要句子或层次我们称为“重点”。语句重音，是指那些最能体现语句目的，而在播音中需要着意强调的词或词组。它解决的是播音中语句内部各词或词组之间的主次关系问题，在有声语言的表达中，“重音”这种技巧的作用是很大的，它可以使语句的目的更突出、逻辑关系更严密、感情色彩更鲜明。

（一）理解重音概念时应注意的问题

在播音中，那些根据语句目的、思想感情需要而给予强调的词或短语就叫重音。

①重音存在于具体的语言环境中，反映句子的主次关系，不是人为强加的。因为当一个孤立的句子的重音位置变了的时候，其语句的目的和表达的意思也会改变，必须根据语句所要表达的目的和具体的语言环境来分析。

如以“今天下午五点整我请你吃饭”为例：

今天下午五点整我请你吃饭（强调的是具体哪天——“今天”）。

今天下午五点整我请你吃饭（强调的是大概时间——“下午”）。

今天下午五点整我请你吃饭（强调的是确切时间——“五点整”）。

今天下午五点整我请你吃饭（强调的是“我”而不是别人请客）。

今天下午五点整我请你吃饭（强调的是请“你”而不是请别人）。

今天下午五点整我请你吃饭（强调的是“吃饭”而不是其他事）。

由此可见，重音在不同的位置就会产生不同的表达意思。

②重音不同于词的轻重格式。词的轻重格式是一种比较稳定的语旨现象，是指音节之间的音强比较。在多数情况下，词的轻重格式在语流中是不变的，即相对稳定，受语音规律的限定。再则，重音存在的单位是语句，一般以单句、复句为主。注意，不能把重音局限在“意群”的范围内。因为“意群重音”的所辖范围太小，有的句子包括很多个意群，以意群为单位确定重音容易使重音过多，从而使语句的目的显得不明确。

③重音不等于重读。“重读”就是加重声音朗读，它只是加重声音这一种表达方法。而重音是有主有次的，如果主要重音用加重声音来处理，次要重音也用加重声音来处理，就会显得没有主次之分。另外，重音并不是一成不变的，不能要求每个人强调的重音必须一致。

④重音是播讲人在准备稿件过程中，通过感官接触到稿件中所反映的事物、现象，然后经过认识感受，使稿件内容在头脑中有一个概括的印象，再在此基础上将主要重音和次要重音从稿件中提取出来，加以概括而形成的。到表达时，重音的强调已是播讲人从感性认识到理性认识的一个飞跃了。每个人的感受能力、概括能力各不相同，重音的表达也不可能只有一种方法——重读。同时，如果重音都用加重声音来强调，也会显得单调、呆板，不符合思想感情运动的需要。特别是在较轻松、舒展的稿件中，更不能仅用加重声音来强调重音，很多应用语气来体现。

（二）在稿件中确定重音的方法

确定语句重音的方法就是通过分析语句的目的，把语句的目的落实到强调的词或词组上来。具体而言，寻找重音的方法有以下两种。

①体现直说性目的的重音。它浅显易明，直接指向重点，重音明显。重音一经指出，目的立即显露。如：

六月一日是儿童节。

分析：强调“儿童”，造成了“什么”节日的清晰语意，“六月一日是一个节日”这个意思必须是上文中已有所表述、不在话下了。因此“节”就没有了强调的必要。并且强调“儿童”之后，并不仅仅解决了是“什么”节的问题，还含有“不是建军节”“不是妇女节”等意味。而这种排他性，正是这句话的主旨之所在。

②体现隐含性目的的重音。它可能音在此而意在彼，甚至言犹在此而意竟在彼，有时简直只能意会，不可言传。隐含性目的失去了文字的直观依托，深入到了创作依据的里面，需要创作主体做多方考察，不可草率行事，轻易就下结论。如：

雨住了一会儿，又下了一阵，比以前小了许多，祥子一口气跑回家，抱着火，烤了一阵，他哆嗦得像风雨中的树叶。

分析：如果联系《在烈日和暴雨下》的全篇，“像风雨中的树叶”就不是一个简单的形容“哆嗦”的明喻。烈日的烤灼、暴雨的浇洒，这不是一般人的偶然遭遇，这其实是祥子命运的真实写照，这也是黑暗的旧社会中所有如祥子一样为生活苦苦挣扎的人们命运的真实写照。这正是从创作依据全局出发而确定的语句目的。

语言传播者要从传播目的的高度，在对创作依据全局有了理解与感受的基础上，深入到创作依据或节目的态度感情的脉络中，明确具体语句在全篇稿件或节目整体中所处的位置，然后再确定语句重音。

（三）重音的分类

我们将重音分成十种：并列性重音、对比性重音、呼应性重音、递进性重音、转折性重音、肯定性重音、强调性重音、比喻性重音、拟声性重音、反义性重音。

1. 并列性重音

并列性重音是指在段落、语句中有并列关系的某些词或短语。我们要通过有声语言显示它们之间的并列关系，而且也要在那些具有并列性关系的词或短语上确定重音。

例 1：利用纽扣、花边、花结对服装进行修饰。

例 2：山朗润起来了，水涨起来了，太阳的脸红起来了。

2. 对比性重音

作者在创作中，常常把一些对立的事物放在创作依据中。作者通过比较、对照，使事物的特征表现得更加突出、事物的形象更加鲜明，这样的构思，用语言表达出来，就是“对照式”结构，在这种对照式结构明显的句子中，我们应找出对比性重音。

例1：目前组成希腊联合政府的三大政党在这个问题上意见不一，新民主党赞成保留美在希腊的军事基地，泛希社运主张进行谈判，左翼与进步联盟则要求美国撤走军事基地。

例2：骆驼很高，羊很矮。骆驼说：“长得高多好啊！”羊说：“不对，长得矮才好呢。”

3. 呼应性重音

停连中有呼应性停连，有“一呼一应”“一呼几应”等类型。呼应性重音也是揭示上下文呼应关系的一种有效的方法。

①问答式呼应性重音。如：

他还有一个美名，叫什么呢，叫“大雁儿”。

②领起综合式呼应性重音。如：

只见那些珍珠，有大如羊奶子头的，有小如红豆的，光华夺目、熠熠生辉。

4. 递进性重音

创作依据中所描写的对象与所说的道理，往往不是凝固不动的，而要一步步地向前发展，一步步地深入。这种递进结构的创作依据，我们用的是递进式重音。如：

决心上阵不利则守城，守城不利则巷战，巷战不利则短兵相接，短兵相接不利则自尽以殉国。

5. 转折性重音

递进性重音是揭示同一方向进展的内容，而转折性重音和它正相反，它是通过对相反方向的内容变化的揭示表现说话者意图的。如：

“轰”的一声，敌人坐上了“土飞机”。哨位完好无损，战友安然无恙，公培波却被强大的气浪冲倒，昏了过去。

6. 肯定性重音

稿件在表达对事物的肯定态度时，一般都用肯定性词语。有声语言不能单纯地看这些肯定性词语，而是要看整句话的意图是什么。一般有两种情况，一种是要肯定“是什么”，一种是要肯定“是”还是“不是”。

例1：不要开枪，大伯，是我。

例2：可要给我送礼，好事就变成了坏事。羊肉我不能收。

7. 强调性重音

强调性重音即把句子中表达感情色彩的词或词组加以强调，以突出某种感情。

例 1：老遛为了护林，硬是把烟瘾往肚里憋，一直憋了十年。

例 2：不该得的钱，一分钱也不要。

8. 比喻性重音

比喻可以化抽象为具体，变深奥为浅显，使语言顿生情趣，令受众难以忘怀。在有声语言表达中，把那些比喻性词语作为重音，就叫比喻性重音。如：

大运河穿过威尼斯，像反写的“S”，这就是大街。另有小河道 418 条，这些就是小胡同。轮船像公共汽车，在大街上走。

9. 拟声性重音

所谓拟声性重音也就是句子中的象声词。拟声性重音和比喻性重音一样，也应注意不是所有的象声词都可以做重音，而要看它在句子中的位置是否重要。

例 1：“轰”的一声，敌人坐上了“土飞机”。

例 2：屋瓦上响起了“哗哗哗”的声音，击打在人的心上。

10. 反义性重音

在创作中，为了揭露事物的本质，有时会利用正话反说或反话正说的修辞手法，目的在于把要否定的事物的不合理性表达得更充分，将创作者的愤怒和憎恨之情表达得更强烈；把要肯定、赞美的事物的特点表现得更鲜明，从而渲染作者喜爱、欢乐的感情。我们在表达这样的语句时，就需要抓住反义性重音，把赞成或反对的态度表达出来。如：

你们把困难全都“要”走了，一点都不给我们剩，可真够“自私的”。

（四）稿件中重音的运用

把一句话中的重音位置都找对了，但如果不懂得重音运用的方法，也是不可能达到理想效果的。其实，重音本身是相对于非重音而言的一种对比方式，其运用方法也不外乎强弱对比、快慢对比、高低对比、虚实对比四种。

1. 强弱对比

强弱对比指全句中除了需要用重音强调的中心词外，其他词语都使用较弱的声音。这要依情况而定，有时甚至需要反过来，将全句的非重音词语用较强的声音表达，重音词语反而用较弱的声音加以强调。如：

动物是不是也会有睡眠呢？

分析：这里“睡眠”肯定是重音，但在不同的语言环境中，重音的表达方法是不同的。我们设想，如果是一个母亲问一个四岁的小朋友这样的问题，就需要用弱中显强的方法来强调“睡眠”二字。

2. 快慢对比

快慢对比指利用语速的急缓、声音的长短等变化来表达重音。如：

贵州省毕节市委19日晚研究决定，对5名男孩意外死亡事件负有领导和管理责任的七星关区分管民政工作的副区长唐兴全、分管教育工作的副区长高守军等8人分别给予停职或免职处理。

分析：“5名男孩”是一个重音，“意外死亡”是个次重音，“停职或免职”也是一个重音且是慢重音，在这里要运用快中有慢的表达方法。

3. 高低对比

任何事物都是相对的，有高就有低，有声语言也是一样。要想通过加强语气来强调某个重音，必须同时把次重音或非重音相对放低，这样才能显示出重音与非重音的高低对比。如：

中国地震局网站11日消息，据内江市防震减灾局报告，11日8时58分发生在四川隆昌的地震造成隆昌县圣灯镇辖区内1人轻伤（髋关节骨折住院治疗），土坯房倒塌19间，农房受损574间，其中圣灯镇房屋倒塌19间，受损296间，响石镇农房受损210间，古湖街道农房受损2间，龙市镇农房受损36间，黄家镇农房受损30间。

分析：这句话中的数字很多，如果都强调的话，则会造成听觉的混乱和语意的不明确。从受众的角度分析，大家更为关心的是此次地震造成的后果及人员的伤亡。因此消息的开头“四川隆昌”“1人轻伤”需高声强调，而后出现的数字则需低声带过，以形成明显的高低对比。

4. 虚实对比

为了突出重音，一般应该用响亮实在的声音，但有些语句中也可以用声轻气多的虚声加以表达。如：

大雪下了整整一夜。今天早晨，天放晴了，太阳出来了。推开门一看，嗬！好大的雪啊！

分析：“天”“太阳”可用虚声，表示感叹的词“嗬”可用实声，通过虚实对比，更好地突出瑞雪兆丰年的景象。

在这里需要注意的是，在实际的运用中，需要将上述四种方法进行合理、有效的综合运用。在强调重音的时候，既要保证重音的突出，又要保证非重音部分的明晰。只有这样，才能使重音的表达效果得到提升，令播音语言更加丰富多彩、灵活多样。

（五）重音的重要作用

一般来说，任何人在表达自己的思想感情时都有明显或潜在的目的，都需要在说话时强调相应的词组或句子。唯有如此，我们才能更好地传递思想，更好地与人沟通、交流。同样，在播音实践中，在选择重音的同时准确地强调重音，对于播音创作工作有着重要作用。因此，播音员、主持人在进行有声语言的创作时，要细心揣摩重音的运用方法，牢记“十六个字”的方针，即“加强对比、协调适当、讲究变化、切忌呆板”；牢记“重音的确定要少而精”的原则。只有这样，才能做到主次分明、重点突出、逻辑清晰，最终真实、准确、完整地传播稿件。

二、停连

停连，是播音员借以表情达意的语言技巧之一，播音员必须学会运用停连组织语句。停连，就是指停顿和连接。在播音当中，在有声语言的语流中，那些表情达意所需要的声音的中断和休止就是停顿；那些声音不中断、不休止，特别是在文字稿件上有标点符号而在播音中不需要中断、休止的地方就是连接。停连的作用表现在许多方面：它们有的使语意明晰；有的造成转折呼应，使逻辑严密；有的可以强调重点，使目的鲜明；有的使内容完整；有的体现思考与判断，使传情更加生动；有的则激发人的想象，创造意境。它常常和其他技巧一起共同服务于表达。

（一）停连的含义

停连，包括两个方面的问题：停指停顿；连指连接。有停顿、有连接才能更好地传情达意。

在播音中，有声语言的部分之间、层次之间、段落之间、小层次之间、语句之间、词组或词之间，总有休止、中断的地方，时间有长有短，但都属于停顿的范围。而那些不休止、不中断的地方，特别是文字稿件中有标点符号而有声语言不休止、不中断的地方，就是连接。停顿和连接都是有声语言表达中抒发感情的方法。无论停或连，都是为了满足思想感情发展变化的需要，而不是任意所为的。

（二）停连的重要性

停连，是同有声语言同时存在的。首先，它是一种生理需要。其次，也是更重要的一点，停连是一种心理上的需要。根据思想感情的运动，需要在哪里停顿，就要在哪里停顿；需要停顿多长时间，就要停顿多长时间；需要在哪里连接，就要在哪里连接。这样才能发挥有声语言运用停连表达思想感情的各种作用，达到引人入胜、感人至深的效果。所以，在有声语言表达的过程当中，停顿应该是积极的、主动的。因此，在停连的运用上，生理需要必须服从心理需要，不可因停断情。

需要强调的是，停顿是思想感情运动状态的继续和延伸，而不是思想感情的终止、中断和空白。

（三）停连运用的基本原则

1. 标点符号是参考

标点符号只显示了文字语言的停连关系，如句与句之间有句号、问号、感叹号等，而停顿和连接才是有声语言的“标点符号”。我们必须要强调，在播音创作中要勇敢地甩掉标点符号的羁绊，掌握我们有声语言自己的标点符号——停连。

2. 语法关系是基础

理解稿件以及有声语言的表达，只有借助作品中符合语法规范的词句才能实现。也就是说，我们播的每一句话都有语法，稿件的语句系列、词或词组系列，离开语法是不可能存在的，它是我们进行有声语言创作的基础。

3. 情感表达是根本

究竟在哪里停顿、在哪里连接，要根据稿件内容和情感表达来决定。按文意、合文气、顺文势，是我们运用停连的原则。

（四）停连的分类

以稿件的内容、脉络、听者心理为依据，我们将停连分为以下十类。

1. 区分性停连

区分性停连是书面文字转化为有声语言时，对一个个汉字进行再创造的组合、贯通的技巧，它所包括的内容比较多，也比较灵活，稿件中词或短语之间、句与句、层与层、部分与部分之间都有区分性停连。

2. 呼应性停连

有声语言的行进，在停连上应有前呼后应的性质。播读中运用呼应性停连必须解决哪个词是呼、哪个词是应、二者如何呼应等问题。“呼”和“应”是一种内在联系的表现，在作品中、在语句中，有呼无应，显得不完整；有应无呼，显得没头脑。总之，有呼无应和有应无呼都会造成语言序列的紊乱，给人以“前言不搭后语”之感。运用呼应性停连也有某种区分作用，但主要是凸显呼应关系。

3. 并列性停连

它是指在稿件中属于同等位置、同等关系、同等样式的词语之间的停顿及各成分内部的连接。凡属各并列关系之间的停顿，要求停顿位置类似、时间相近，以显示其并列关系。而它们各自内部的连接较紧，有时有些小停顿，时间也不可长。

4. 分合性停连

在并列关系之前，往往有领属性词语；在并列关系之后，往往有总括性词语。在领属性词语之后，或在总括性词语之前，都有较长时间的停顿，比并列关系之间的停顿要长。这样就形成了“合—分—合”的分合关系。分合性停连包括先分后合、先合后分两种情况。先合后分再合是这两种情况的联合。我们把握了分合关系，对于运用区分性、并列性、呼应性等停连也更有利。

5. 强调性停连

在句子之间、词组或词之间，为了强调某个句子、词组或词，就在前边或后边，以至前后同时进行停顿，使所强调的词句凸显出来。在其他不强调的词句中，即使有停顿处也相对缩短一些时间，这就是强调性停连。

6. 判断性停连

既然是判断性停连就应该有思维过程，在思维过程中的感受就应该明显。因此，需要做出判断时，就应在判断、思索的地方进行判断性停连，以表达出此时的思维过程。停顿不是思想感情的空白，不仅是在播讲中已经“明其意”，还要表现出正在“成于思”，即有思维过程。为了表现思索、判断的过程，便可以运用判断性停连的方法。

7. 转换性停连

在稿件内容发展和展开的情况下，有声语言必须随之变化。在由一个意思变成另一个意思、一种感情变成另一种感情时，这中间应该有相应的停顿。为了表现语意、文势、感情，就要运用转换性停连。这种停连在稿件中的运用也较多。在层与层、段与段、句与句之间都有这样的停连。

8. 生理性停连

在某些稿件中，由于人物生理上的异态，常常产生语流不畅、断断续续的情况，此时就要学会运用生理性停连。这些生理变化形式的停连，在播讲中只给以必要的、象征性的表现，而不强调夸张的呼气和吸气声音。运用这种停连也需要有播音员的感情色彩做陪衬，重要的是表现出语句的内容是什么、说话的情态怎么样。至于怎么说，抓住一两处富有特征的词或词组稍加停顿，能给听者造成有某种生理变化的感觉就可以了，不必自始至终、字字句句地模拟那种声音形态和气息状态。

9. 回味性停连

有的词、句、段在播完之后，需要给受众留下想象、回味的时间，这样的停顿就是回味性停顿。回味性停连，关键在于“回味”。它一般用在稿件中需要展开想象的地方。运用这种停连，停的时候时间要给足，在强调的词后边停顿才叫“回味”。

10. 灵活性停连

有声语言应该生动、活泼，能够吸引人。任何停顿和连接都不应是呆板的、生硬的，无论在停连的位置上，还是在时间上，都没有万能的公式。再加上每个人的文化修养不同、声音条件不同，表达方法就不可能完全一样。而且，多种技巧之间又是相互渗透、相互交叉的，因此，不一定非要一是一、二是二地分清这里用什么停连、那里用什么停连、非要在这里停或那里停等。在语意清晰、语言链条完整、思想感情运动状态活跃的基础上，或移动停顿位置，或延缓、缩短停顿的时间，或增多、减少连接……改变了某些固定的处理，便会给人以新鲜活泼的感觉，特别是在急稿的播讲中，不可能把每个停顿都安排得妥帖，而语言艺术的生命力也在于“变化”二字，故我们应该在停连处理上保持较大的灵活性。

以上谈到的十种停连的类型，在播讲中并不是孤立的，它们是交错使用、并行不悖、融会贯通的，只是有时因为要表现具体语意、具体感情而以某种停连为主。同时，在表达过程中因为内容不同、稿件体裁不同，再加上播音员本人的素质不同等，停连的运用也会千变万化，故绝不能生搬硬套。正确的使用方法应该是在掌握基本方法后，在不断的探索与发展中进步。在运用时，我们既不要拘泥于文字，又不要削足适履，而要根据思想感情的运动状态去确定和把握停连的使用。

（五）停连在稿件中的意义和作用

播音员的备稿过程，是对稿件进行组合、加工、创造，最终使书面语言变为适合人们听的口头语言的过程。如果备稿过程中，对于停连的运用不加以仔细分析，那么就会使句子内容产生歧义。比如“强烈谴责某国支持暴力”这句话，如果在“某国”后面出现停顿，那么这句话就给受众留下了我国对某国不满之感，这势必造成严重的甚至不可挽回的后果。“在埃及政府积极斡旋下，巴勒斯坦伊斯兰抵抗运动（哈马斯）和以色列达成了停火协议。虽然据观察员观察，冲突有降温之势，但以色列 18 日并没有停止轰炸加沙。巴以燃起的战火能在国际社会的调节下结束吗？很多人存疑。”此段话中“虽然据观察员观察”与“冲突有降温之势”之间虽然有逗号，但我们在播读时应将这两句话连接起来，不断句，这样在表达其内容时才能显得完整，否则就会有支离片语之感。由此可见，正确运用停连至关重要。

播音员、主持人在传播信息时，是在有限的时间范围内逐句地把文稿的内容播出的。期间，不可能同时播出几句话，也不能把后面的话提到前面来说，因此，播音的言语活动相应地受到了时间的限制。受众也只能一句话一句话地来感知言语，最终达到对文章的理解。停连的作用表现在许多方面，有的使语意明晰；有的造成转折呼应，使逻辑严密；有的强调重点，使目的鲜明；有的使内容完整；有的体现思考判断，使语言更加生动；有的令人回味想象，创造意境。由此激发了受众收听、收看的主观能动性，使播音收到更好的效果。

总之，停连的作用就是为了帮助受众更加准确、积极、迅速地获取有效信息。

（六）案例分析

补旧

来到吴家花园，起初组织上还是要给彭总派护士、派公务员，他不要，他说：“我没有病，要什么护士，现在是个闲人了，还要人家来打扫卫生、料理生活，那真是岂有此理！”

从此，一切生活上的事，如扫地、洗衣服、补衣服，都是彭总自己动手。他的夫人浦安修同志那时在北师大做领导工作，只有星期日才回来。

冬天来到的时候，彭总找出了他的旧棉衣在屋檐下补着，一边晒太阳，我看他干得十分吃力，对他说：“眼花手笨的，还是我来吧。”他说：“你呀，未必有我这两下子。”

我接过一看，针脚整齐，横是横，竖是竖的，补得就是不错。彭总从老花镜上边看着我，有些得意地说：“多多评头论足吧。”就在这次，他给我谈了他的身世：他童年丧母，家庭很穷，他不但要给人家当苦工，还要照顾两个弟弟：“那时候，什么活没干过，什么苦没吃过？”彭总感触很深地说，“今天，住到这个圆明园，皇帝老子住过的地方啊！”

他的这身棉衣，是在抗美援朝期间，有次回国来，为了外出方便买来穿上“打掩护的”。质料很一般，外头连罩衫也没有。就是这身棉衣，伴着他在吴家花园度过了六七个寒冬，后来又穿着它到了西南，一直到他被林彪、江青派来的一伙人揪上北京，我们最后分别时，他穿的还是这件黑蓝颜色、上头闪着一层油光的土布棉衣。

不记得是哪个冬天了，也是一个风和日丽的日子，彭总在院子里补衣服，我带着家里人照相玩，走过他面前，故意逗趣地说：“这位大爷，照相吧？”我们都以为他不会干的，还会说“我这个人长得丑”之类的话，谁知这一回他抬起头来，笑呵呵地坐正了，说：“照相吧！”

笑声中，我给他拍了一张“老人补旧”的照片。

这张照片的主人已经不在人世间了，照片本身也在一场浩劫中化成了灰烬，但是当时的情景，却永远留在我和妻子的心中。

分析如下。

①区分性停连。其作用是区分语意、顺畅语气，以求听众一听就懂，不会造成歧义、产生误会。在稿件中词与短语之间，句与句、层与层、部分与部分之间都有区分性停连。如“彭总从老花镜上边看着我，有些得意地说：‘多多评头论足吧。’”在“上边”的后面是区分性停连，并且“上边”还要做重音处理。因为不这样做，在语流一带而过的情况下，容易给听众造成误解，难道彭总站到老花镜上往下看不成？

②并列性停连。这是最容易理解和掌握的一个类型了，因为有标志性的连词和标点符号在提示我们。当句子中有“和、与、跟、同”或者顿号时，就涉及并列关系了。并列词的两端或者顿号的两端是否是平等关系，停连的时间和方式是否一定相同，要灵活处理。

③分合性停连。它一般用在分合句式上，这种句式一般都有领起句、分说句和总括句，停连的位置一般在分合的交叉点上。比如，“从此，一切生活上的事，如扫地、洗衣服、补衣服，都是彭总自己动手”是总括句。宜在总括句前停连，

而在领起句后面不安排停连，否则，语句会显得比较零碎。

④强调性停连。它与重音有密切的关系，也是用得最多的一种。同样是“彭总从老花镜上边看着我，有些得意地说：‘多多评头论足吧。’”这句话，在“上边”这个重音后停连是为了强调彭总的动作和神态。强调性停连有时候反映一定的观点倾向和感情色彩，比如，“我没有病，要什么护士，现在是个闲人了，还要人家来打扫卫生、料理生活，那真是岂有此理”这句话宜在“那真是”后面停连，强调“岂有此理”，体现彭总不居功自傲的伟人品格。

⑤呼应性停连。在理清语句本意的基础上，再分析前后语句之间的照应关系。要分清是一呼一应、一呼多应还是多呼一应或先呼后应。在一呼多应中，要理清多应之间的关系，是并列、递进还是其他关系。比如，“他的这身棉衣，是在抗美援朝期间，有次回国来，为了外出方便买来穿上‘打掩护的’”这句，“他的这身棉衣”是呼，后面的分句是应，在应的部分说明了这件棉衣购买的时间、地点、原因、目的，内容很丰富，在连的方式上要讲究一些，语势、语流不能太平。还要注意大呼大应之间可能有小呼小应，小呼小应的时间和分量不能超过大呼大应，小呼小应之间的关系也要照顾到。

⑥判断性停连。它用来清楚地表达思维过程的脉络和其中的感受，主要是在判断和思索的地方进行停连。如“我接过一看，针脚整齐，横是横，竖是竖的，补得就是不错”这句话，“一看”后面的停连表示作者定睛一看，做出判断——“不错”。这样一来，就形神兼具了。

⑦转换性停连。指利用停连将语意和感情色彩的转换表现出来，注意先在心里实现转换，这样嘴上才能出声。比如，“‘这位大爷，照相吧？’我们都以为他不会干的，还会说‘我这个人长得丑’之类的话，谁知这一回他抬起头来，笑呵呵地坐正了，说：‘照相吧！’”，在播读这句话时，不能见到标点就停，而应在“谁知”前停，表示转换。

⑧回味性停连。这是为了加深听者的印象，引发其思考和回味。比如，“他的夫人浦安修同志那时在北师大做领导工作，只有星期日才回来”，“同志”后的停连给了听者一个回味的时间，解释为什么这些事彭总的夫人不做而是彭总自己做。最后一段，“这张照片的主人已经不在人世间了，照片本身也在一场浩劫中化成了灰烬，但是当时的情景，却永远留在我和妻子的心中”，“永远”后的停连引发了内在语——“彭德怀同志永远活在亿万人民心中”。

第二节　语气、节奏

一、语气

（一）语气与语调

1. 语气的含义

语气这个词大家都不陌生，在生活中也经常使用。不过，在实际使用的时候，不同的使用者所用的“语气”的内涵和外延并不完全相同。那么，语气的含义到底是什么呢？我们先来看看词典的解释。

①《现代汉语词典》：说话的口气。“口气”的含义是“说话时流露出来的感情色彩”。如，严肃的口气、幽默的口气等。

②《辞海》：通过一定的语法形式表示说话人对行为动作的态度，如陈述语气、祈使语气、虚拟语气。现代汉语用语气助词“的、了、吗、呢”等和语调表示各种语气。

以上解释明确了语气与感情、态度有关，但它没有具体说明不同的感情色彩是通过什么样的方式体现的。尽管《辞海》里还谈到了语调可以表示各种语气，但它把语气仅归为几类，如“陈述语气、祈使语气、虚拟语气”等，就显得过于简单。

2. 应如何理解语气中的语调

①《现代汉语词典》：说话的腔调，就是一句话里语音高低轻重的配置。

②《辞海》：句子里声音的高低变化和快慢轻重。句子都有一定的语调，表示一定的语气和情感。如陈述句多用下降调，疑问句多用上升调等。

关于对“语调”一词的诠释，两部辞书都谈到了声音形式，提出表达思想感情的某些声音因素。但是在谈到语调与思想感情的关系时，显得过于机械。可以认为，语调的概念不能满足播音语气概念的要求。

（二）播音中语气的含义

播音学中语气的概念是什么呢？张颂先生在《播音创作基础》一书中指出：“语气是思想感情运动状态支配下的语句的声音形式。”这个解释揭示了播音语气的内涵，突出了有声语言的特点，易于从有声语言形式及其思想感情依据两个方向去把握。对播音理论研究与实践来说，这个解释是科学而确切的，具有很强的可操作性。我们可以从三个方面来认识和把握语气：一是具体的思想感情在语气中处于支配地位，它是语气的灵魂；二是语气要通过具体的声音形式来体现；三是语气以句子为单位，也就是语气是通过一个个句子来展现它的不同风采或个性特征的。

（三）播音中语气与语境的联系

语气是以具体的句子为单位的，应体现出“这一句”的个性色彩。但对于孤立存在的句子来说，其语气必是多样且无法把握的，另外，不同的交流对象、交流方式等对语气也会产生影响。所以，我们在把握语气时，必须将语句置于具体的语言环境中，根据具体的语言环境来把握语气。

总之，语气主要由两方面构成：一是具体的思想感情，二是具体的声音形式，二者相辅相成。语气受具体的语言环境的影响、制约，只有在具体的语境中把握语气，语气才能准确。

（四）如何在表达中体现语气的感情色彩和分量

语气中具体的思想感情包含两个方面：一是语气的感情色彩。二是语气的分量。它们是语气的灵魂。

①语气的感情色彩。主要是指“语句所包含的是非和爱憎”。是非是指态度方面的具体性质，比如，是赞扬、支持、亲切、活泼，还是批评、反对、严肃、郑重等。爱憎是指感情方面的具体性质，比如，是喜悦、热爱、焦急，还是悲伤、憎恨、冷漠等。在把握具体语句的感情色彩时，应该做到准确贴切、丰富细腻。

②语气的分量。是指“在把握语气感情色彩的基础上，区分是非、爱憎的不同分寸的‘度’。强调语气的分量，就是要求我们掌握语气感情的分寸、火候，表达时不愠不火，恰到好处”。语气的分量可以从两方面去把握：一是语气感情色彩本身的级差；二是外部相关因素影响下态度分寸方面的级差。二者融合在一起，共同构成了语气的分量。语气的分量分为重度、中度和轻度三种。

综上所述，语气的感情色彩和分量构成了语气的灵魂——具体的思想感情。在具体把握时，一要准确，二要鲜明。这是表现出来的语气做到具体鲜明、贴切深刻的关键。

（五）语气的声音形式种类

当我们把握了语气的思想感情后，就必须用一定的声音形式将其表现出来。

我们不能停留在内心体验这一阶段，而一定要找到恰当的方法来体现具体的思想感情，对其载体——声音形式的构成要素要进行具体的分析。

声音形式包括气息、声音、口腔状态三方面的要素。这三方面多层次、多侧面的立体变化及多重组合构成了丰富多彩、千变万化的声音形式。不同的感情色彩需要通过不同的声音形式来表现。张颂老师在《朗读学》一书中对表现不同感情色彩的气息、声音、口腔状态的特点进行了如下概括，见表 6–2–1。

表 6–2–1　不同感情色彩的声音形式

感情色彩	声音形式
爱的感情	气徐声柔：口腔宽松，气息深长
憎的感情	气足声硬：口腔紧窄，气息猛塞
悲的感情	气沉声缓：口腔如负重，气息如尽竭
喜的感情	气满声高：口腔似千里轻舟，气息似不绝清流
惧的感情	气提声凝：口腔像冰封，气息像倒流
欲的感情	气多声放：口腔积极敞开，气息力求畅达
急的感情	气短声促：口腔似弓箭，飞剑流星；气息如穿梭
冷的感情	气少声平：口腔松软，气息微弱
怒的感情	气粗声重：口腔如鼓，气息如椽
疑的感情	气细声黏：口腔欲松还紧，气息欲连还断

（六）语言表达中语势的含义

语势“指声音的态势，是有声语言的发展趋向”。

语流的曲折变化是丰富的，“语无定势”更说明了语势运用没有什么定律。但我们仍试图将语势的基本形态描述一下，为使大家对语势的曲折性能有直观的了解。

我们把有声语言的语势归纳为以下五种基本形态。

①波峰类。声音由低向高再向低行进，状如波峰。如：

世界上没有花的国家是没有的。

分析：“没有花”就处于波峰的位置，“世界上、国家是没有的”略低。

②波谷类。声音由高向低再向高发展。即句头、句尾较高，句腰较低，状如波谷。如：

乔治·华盛顿是美利坚合众国的第一任总统。

分析："乔治·华盛顿"和"第一"语势较高，"美利坚合众国"较低。

③上山类。声音由低向高发展。即句头最低，句尾最高，状如登山。不过，有时是步步高，有时却是盘旋而上。如：

让暴风雨来得更猛烈些吧！

分析："猛烈"较高，"让暴风雨来得更"逐渐地往上升。

④下山类。特点是句头最高，而后顺势而下，状如下山。应注意的是它有时是直线而上，有时是呈蜿蜒曲折的态势。如：

就在那年秋天，母亲离开了我们。

分析："那年秋天"语势较高，"母亲离开了我们"逐渐地往下降。

⑤半起类。特点是句头较低，而后呈上行趋势，行至中途，气提声止。由于没有行至最高点，所以称为半起。如：

这到底是什么幻景呢？

分析："这到底"语势较低，"什么"语势上行。

以上的五种语势应在作品中根据前后的语境及主题思想进行灵活的运用。

（七）如何避免语言表达中语势的固定化

目前，播音员、主持人在语言表达方面存在一个问题，即腔调固定。为避免出现这个问题，我们要掌握以下几点要求。

①句头起点不宜相同。假设我们把语势的变化幅度分为 5 个等级，那么，在你说的每句话的开头，起点高度不要一样。

②句腰波形不宜相同。不要连续使用同一种波形，如果不可避免，应根据语句的具体情况形成它们之间的差别。

③句尾落点不宜相同。每句结尾的落点最好不要在同一高度，而且停时声音的轻重缓急也不宜相同。

简而言之，播音语气，是指在具体的思想感情支配下的语句的声音形式。由于思想感情的运动状态的要求不同，也由于各个语句的本质不同、语言环境不同，每一个语句必然呈现出"这一句"的具体的感情色彩和分量，呈现出千差万别的声音形式。

二、节奏

（一）节奏的内涵

1. 节奏的含义

节奏的要素中包含着速度，但绝不仅仅是指声音的时值关系。《辞海》在音乐的有关词条中指出，“音响运动的轻重缓急形式形成节奏”“其中各音的时值和强弱不同形成节奏”。这里指出的声音节奏包括轻重强弱、缓急时值。我国古代《乐记》上说：“节奏，谓或作或止，作则奏之，止则节之。”意思是说，断连顿挫是形成节奏的要素。现代大文豪郭沫若先生在论到诗的节奏时指出：“或者先抑而后扬，或者先扬而后抑，或者抑扬相间，这表现出来便成了诗的节奏。”郭沫若所说的“扬抑”，显然不是声音的时值关系所能包容的，它们更多地反映着声音的“力”的关系。我们若对声音的节奏要素做一个抽象的概括，可以看出，其可比成分的变化运动主要反映在两个方面，即“时间的节奏”和“力的节奏”。朱光潜先生在谈到声音的节奏时指出：“有段落才可以有起伏，有起伏才可以见节奏。”这说明声音的节奏，是指声音各种可比成分的有规律、有秩序的运动。

2. 播音主持中的节奏的含义

在播音中，节奏应该是由全篇稿件生发出来的，由播音员思想感情的波澜起伏所造成的抑扬顿挫、轻重缓急的声音形式的回环往复。为此，我们可以从三个方面去认识。

①播音节奏是以思想感情运动为依据的声音运动形式。播音节奏也是主观与客观的统一，生理和心理的统一。换句简单的话说，声音运动的节奏是有内心依据的，“无稿”播音时，现实事物、新闻事件的刺激，引起播音主体思想和情感的运动，并以不同节奏的有声语言运动形式表现出来。有现成文稿的播音，播音主体思想感情的运动变化源于稿件，故言播音节奏“由全篇稿件生发”。此时，稿件便是播音主体把握节奏的主要客观依据。播音主体能动地接受稿件刺激，使自己的思想感情处于积极的运动状态，产生生理节奏的适度变化，唤起心理节奏的相应变化。情真意切，才会有“思想感情的波澜起伏”。而这“波澜起伏”的体验越是精确，它们从口头上表达出来时就越需要用节奏这种表现形式来体现。

②播音节奏的外部形式表现为有声语言流的抑扬顿挫、轻重缓急。播音节

奏是一种外部形式，是由有声语言这一物质材料中的各种可比成分的对比与组合构成的。有声语言中声音的高低、强弱、快慢、断连等方面是组成播音节奏的基本要素。它们的承续、主次、分合、对比等多层次、多侧面的立体变化，形成有序的律动，也形成了播音节奏的存在形式。

③播音节奏是具有一定特点的声音形式的回环往复。节奏是指声音要素的有秩序的律动，“回环往复”是节奏的核心，其声音形式的多数性和相似性是“回环往复”的必要条件。没有两个以上具有相似特点的声音形式的呼应、反复，是无节奏可言的。所谓相似特点的声音形式，是指重点句、重点层次、重点段落相似的基本语气，以及相似的语势转换形式。

总之，相似的基本语气、相似的转换形式，形成了一篇播音作品主导节奏的“回环往复”的态势，从而使节奏鲜明地显现出来。

（二）节奏的功能

在播音中，节奏技巧的合理运用，能从整体效果上表现动感，强化所传达的感情，感染受众，引起共鸣。节奏具有激发调节功能、强化表现功能和引导定向功能。

①激发调节功能。我们可以借助对外界节奏的体验来调动感情，以一定的心理节奏触发语言表达节奏的成型。

②强化表现功能。播音节奏，是通过声音形式的组合变化来强化情感的。声音形成起伏、松紧、变化有致的回环往复，对比映衬，强化了感情，增强了播音作品的艺术感染力以及播音的鲜明性、严整性。

③引导定向功能。对于播音的传播对象，节奏有引导定向的功能。从受众的角度看，节奏的表现意义还在于它能异常有力且直接地，几乎从生理上感染受众。播音的节奏能引导我们的判断并改变我们的情绪，引导其朝着节奏给定的方向运动。

（三）节奏的类型

运用节奏时，一方面要掌握节奏的基本类型，另一方面也要注意节奏的变化。我们把节奏分为六种类型：轻快型、凝重型、低沉型、高亢型、舒缓型、紧张型。这六种类型，主要是根据声音形式的速度、力度等方面的特点来划分的。

①轻快型。这种形式多扬少抑，声轻不着力，语流中顿挫少且顿挫时间短暂，语速较快，轻巧明丽，有一定的跳跃感。全篇重点处的基本语气与基本转换都比较轻快。朱自清的散文《春》、冯骥才的散文《珍珠鸟》，就是典型的轻快

节奏。

②凝重型。这种形式多抑少扬，音强而着力，色彩多浓重，语势较平稳，顿挫较多且时间较长，语速偏慢。重点处的基本语气与基本转换都显得分量较重。景希珍的回忆录《在彭总身边》、王愿坚的小说《草地夜行》，就是典型的凝重节奏。

③低沉型。这种形式声音偏暗、偏沉，语势多为落潮类，句尾落点多显沉重，语速较缓。重点处的基本语气与基本转换多偏于沉缓。夏衍的报告文学《包身工》、史铁生的散文《秋天的怀念》，就是典型的低沉节奏。

④高亢型。这种形式声音多明亮高昂，语势多为起潮类，峰峰紧连，扬而更扬，势不可遏，语速偏快。重点处的基本语气与基本转换都带有昂扬、积极的特点。袁鹰的散文《井冈翠竹》、高尔基的散文《海燕》，就是典型的高亢节奏。如：

那就是白杨树，西北极普通的一种树，然而实在不是平凡的一种树。

那是力争上游的一种树，笔直的干，笔直的枝。它的干呢，通常是丈把高，像是加以人工似的，一丈以内，绝无旁枝；它所有的丫枝呢，一律向上，而且紧紧靠拢，也像是加以人工似的，成为一束，绝无旁逸斜出；它的宽大的叶子也是片片向上，几乎没有斜生的，更不用说倒垂了；它的皮，光滑而有银色的晕圈，微微泛出淡青色。这是虽在北方的风雪的压迫下却保持着倔强挺立的一种树！哪怕只有碗来粗细罢，它却努力向上发展，高到丈许，二丈，参天耸立，不折不挠，对抗着西北风。

这就是白杨树，西北极普通的一种树，然而绝不是平凡的树！

分析：赞颂白杨树普通却又不平凡，它笔直、高大，一丈以内无旁枝，枝丫也不旁逸，连叶子也不斜生，最重要的是在北方风雪的压迫下，它参天耸立，不折不挠，与西北风对抗，倔强挺立。层层叠叠的排比句、对偶句、递进句，使得有声语言表达更多地呈现波峰类和上山类走势，气势昂扬宏伟，节奏高亢有力。若用轻快、舒缓的节奏表达，白杨树挺拔倔强的样子便荡然无存，这篇散文的意图也就难以表现出来了。

⑤舒缓型，这种形式声音多轻松明朗，略高但不着力，语势有跌宕但多是轻柔舒展的，语速徐缓。全篇重点处的基本语气与基本转换都显得舒展徐缓。老舍的散文《济南的冬天》以及散文《桂林山水》，都是典型的舒缓节奏。

下面这段叙述语气平和、节奏舒缓。有声语言表达不能不考虑原作者对托马斯个人风格的了解，以及原作者所运用的笔调：

我们住在斯德哥尔摩的南区，我们的地址是史威登堡街33号（现在改名为篱笆门大街）。“我的外公和外婆住在附近，在布莱金厄大街，转弯就到。”

托马斯·特朗斯特罗姆这样描述。顺着他外公外婆曾居住的布莱金厄大街很容易就到了篱笆门大街。火柴盒样式的公寓楼被翻新过，看不出已经有90年的历史。那个街区有些荒凉。

托马斯就坐在单人椅上，落地灯照在他身上，脸上的皮肤满是时间留下的皱褶，让人想起他写的那句“直到光线赶上我／把时间折起来”。窗外下着大雪，大海和桥，就像托马斯写的，“一座桥／慢慢地／自动地盖住天空”。

客厅有托马斯的大钢琴，钢琴上散落着一本托卡塔的琴谱，有时他会用左手弹琴。1990年，托马斯中风，到现在已经20多年了。诗人北岛在他的一篇文章中这样描述中风后的托马斯：“他后来在诗中描述了那种内在的黑暗，他像个被麻袋罩住的孩子，隔着网眼观看外部世界。他右半身瘫痪，语言系统完全乱了套，咿咿呀呀，除了莫妮卡，谁也听不懂。”就算在中风以后，托马斯还是出版了不少诗集。托马斯的朋友、汉学家马悦然说，去年他在诺奖颁奖典礼上遇到获得诺贝尔生理与医学奖的得主，按这位科学家的观点，像托马斯这样中风后能再写诗几乎是不可能的。可是托马斯做到了。

分析：内心也许热烈，外表却显得沉静、孤独，原作者对托马斯，这位2011年诺贝尔奖获得者居住环境和个性意志的描写、叙述，简洁细致，视觉所触引发的内心感受和想象，凝固于这一具体语境。播音主持创作主体如果没有将自身的敬慕之情在一种宁静、舒缓的节奏中展露出来，就不容易将受众带入特定的情境。因此，使用多连少停、起伏不大、下山类语势形成的节奏，就能很好地衬托出托马斯中风后内心的平静与执着。

⑥紧张型。这种形式多扬少抑，语速快，气较促，顿挫短暂，语言密度大。全篇重点处的基本语气与基本转换都较急促、紧张。闻一多的《最后一次的讲演》、屠格涅夫的《麻雀》，都属于紧张节奏。

（四）节奏的转换形式

流动和变化是节奏技巧的特点。主导节奏的回环往复，离不开主导节奏与辅助节奏之间的转换承接。节奏的基本转换形式与具体的转换承接技巧，是运用节奏的关键所在。节奏的基本转换形式如下所示。

一是欲扬先抑，欲抑先扬。

二是欲快先慢，欲慢先快。

三是欲重先轻，欲轻先重。

以上是几种基本的节奏转换形式，由于概括性和抽象性强，因而它们具有普遍性。在实际运用时，其情况是多种多样的。有时用一种转换形式，更多的是两种或两种以上的转换形式交织在一起，综合运用。这样，才能体现节奏的立体性和丰富性。

（五）节奏转换的技巧

所谓转换技巧，主要是从转换的速度、幅度和向度（顺逆指向）方面来说的，即突转、渐转，大转、小转，顺转、逆转。突转，是指节奏形式的转换速度快，一般在内容发生较大且明显的变化时采用。大转与突转有相类似的地方，不过，大转一般用在前后内容衔接不是那么紧凑之时，而逆转，主要指内容色彩上反方向的转换，重在色彩的变化，而变化的幅度或速度则视具体情况而定。渐转，指节奏形式转换时采用缓转慢回的办法，往往在比较统一而略有变化的氛围中出现。小转，即指虽有转换，但幅度不大，主要是分寸尺度上的变化。顺转，是指感情色彩上基本一致，从顺向关系的不同角度，不断积累、逐步深化感情的过程。这些转换技巧，要视稿件的具体内容与具体的思想感情运动方向和状态加以选择运用。既可用单一的转换技巧，又可将两种以上的转换技巧交织在一起，综合运用。

如上所述，节奏是有声语言运动的一种形式。在播音中，节奏应该是由全篇稿件生发出来的，由播音员思想感情的波澜起伏所造成的抑扬顿挫、轻重缓急的声音形式的回环往复，语气以语句为单位，节奏以全篇为单位。就节奏的类型来说，大致可以分为六种，即高亢型、紧张型、轻快型、低沉型、舒缓型、凝重型。这六种类型在不同的稿件中有不同的结合，但它们不是并列的，而是以某种类型为主，将其他类型渗入其中，这既能表现节奏的具体性，又能表现节奏的丰富性。

三、案例分析

麻雀

我打猎归来，沿着花园的林荫路走着，狗跑在我前边。突然，狗放慢脚步，蹑足潜行，好像嗅到了前边有什么野物。

我顺着林荫路望去，看见了一只嘴边还带着黄色、头上生着柔毛的小麻雀。它从巢里跌落下来，呆呆地伏在地上，孤苦无援地张开两只刚刚长出羽毛的小翅膀。风猛烈地吹动着林荫路上的白桦树，我的狗慢慢逼近它。

忽然，从附近一棵树上扑下一只黑胸脯的老麻雀，像一颗石子似的落在狗的嘴脸跟前——它全身倒竖着羽毛，惊惶万状，发出绝望、凄惨的叽叽喳喳叫声，两次向露出牙齿、大张着嘴的狗扑去。它是猛扑下来救护的，它以自己的躯体掩护着自己的幼儿……可是，由于恐怖，它整个小小的躯体在颤抖，它那小小的叫声变得粗暴嘶哑，它吓呆了，它在牺牲自己！在它看来，猎狗是个多么庞大的怪物啊！然而，它还是不愿站定在高高的没有危险的树枝上，一种强大的力量使它飞了下来。猎狗也慢慢地向后退……于是，我怀着极恭敬的心情，带着我的猎狗走开了。

是啊，请不要见笑。我崇敬那只小小的、英勇的鸟儿，我崇敬它那爱的冲动。

爱，我想，比死和死的恐怖更加强大。只有依靠它，依靠这种爱，生命才能维持下去，发展下去。

分析如下。

本文叙述了一只老麻雀在猎狗面前奋不顾身地保护小麻雀的故事。《麻雀》为俄国作家屠格涅夫所作，是一篇文字优美的教材。

第一自然段，语气平稳、节奏舒缓。

第二自然段，语势上扬，用的是描述的、好奇的语气色彩，口腔控制稍松，为下面的搏斗做准备。

第三自然段，从“忽然”到“大张着嘴的狗扑去”结束，语速逐渐变快、语气逐渐加强，节奏明快，每一音节之间的时值偏短。从“它是猛扑下来救护的”到“它在牺牲自己”，整个语势由前面的紧张型变为舒缓型，语气变弱，相对平稳，为将下面的段落推向高潮做铺垫。从“在它看来”到“猎狗也慢慢向后退”，语气节奏中的轻重缓急、抑扬顿挫的对比逐渐加强，语句之间的停顿逐渐减少，语句之间的连接逐渐增加，体现出崇敬的色彩和鲜明的语意。最后一句话，口腔稍松，气息均匀，做到“气徐声柔”。

第四、五自然段，语势为波峰类，先由低到高再到低。做到由“气满声高”到“气少声平”，略有所思地娓娓道来，让人回味并引发共鸣。

第七章　播音与主持语言创作的创新路径

第一节　注重感性、知性、理性、悟性

一、感觉、感受与感性活动

所谓感性，与理性相对，感性活动在播音主持中，就是指播音主持创作主体通过感觉器官对文本主体中的主客观事物进行思想感情和声音形式的反映与表现。如过去、现在、将来的时间感，高低、上下、左右的方位感，抑扬、急缓、顿挫的节奏感，甜酸、苦辣、咸淡的滋味感，黑白、明暗、深浅的视觉感等，要将感觉器官由自然不自觉的状态转变为积极主动的状态。因为视若无睹、觉而不察、冷漠麻木、无动于衷……无法使创作主体进入良好的播音主持状态。所谓“感之于外、受之于心”，强调主客观世界通过词语符号间接刺激创作主体，以引起他们的内心反应。播音主持创作主体对主客观世界的印象，包括各种外在形状、景象、面貌、特征等，他们通过想象和联想，被触动并引发内心波澜。只有蕴含这种内心波澜，说出口的词语才有具体可感的艺术性。因此，在感性活动中，词语感受和形象感受成为两个重要支点。词语感受的特点在于透过词语序列这一心理学上所指的第二信号系统的符号，主动接受词语所代表的事物的刺激，体味其中的含义，产生具体的情绪，并将这种情绪通过一定的语气展现在有声语言和副语言里。而形象感受的特点在于透过词语序列感知主客观事物，通过视觉、听觉、味觉、嗅觉、触觉及运动知觉等产生内心活动。也就是要求创作主体通过想象、联想，主动接受词语的形象刺激。在边体味、边表达的过程中，感受既是具体的，又是综合的。说它具体，是因为播音主持创作主体透过词语序列，想象和联想词语表达的人、事、物、理的个别性、特殊性。

这种个别性、特殊性引发并活跃着播音主持创作主体的形象感受。说它综合，是因为播音主持创作主体透过词语序列感知词语表达的整体性。这种整体性决定了播音主持创作主体以词语形态进行的各种人、事、物、理的形象感受都不是孤立存在的。也就是说，播音主持创作主体在话筒前、镜头前所说的每一个词语、每一段话，都是为推介一个人物，描述一个事件，说明一个事实，讲清一个道理，它们相互关联、相互支撑。只有保证形象感受的综合性、词语表达的连贯性，创作活动在感性方面的基础才是稳固的、具体生动的，而非笼统空泛的。

二、知觉、知性与知性判断

知觉和感觉同是心理活动，但知觉比感觉更复杂、更完整，更注意整体形象。因此，在创作的知性活动方面，在感觉基础上，我们更强调知性判断的必要性。知性判断则是“对语言目标行为的主观确认”。

比如，任何节目文稿或话题，对播音主持创作主体来说，在对词语感受的同时，必然伴随着对事实内容的确认、对事实意义的确认、对话语结构的确认、对情感调动的确认、对表达方式的确认，等等。所有这些确认的背后，都经历着创作主体对文本知识和社会实践知识的提取、鉴别、感受和判断，尽管这一过程因所反映内容、形式和创作主体的经验、反应有精粗快慢之差异，但播音主持创作主体始终努力将有声语言和副语言展示给接受主体。如果说事实内容、事实意义和情感调动的确认，跟创作主体的文化水平与社会实践密切相关，那么对话语结构、表达方式的确认，则与语言逻辑学习和表达实践感受不可分离。

具体来说，任何文本结构或话题，都有思路、文路的起承转合，也都存在各种关系组合、聚合的言语逻辑链条。从有声语言和副语言表达角度来看，作为播音主持创作主体，对这些思路、文路的言语链条的掌控，只有最终落实于语句的具体处理，才能真正被接受主体认可。正是在这个意义上，播音主持的内外部技巧，如并列、对比、递进、转折等逻辑关系及其表达技巧，就有了存在的永恒价值。

来看马致远的小令《天净沙・秋思》中的语句：“枯藤老树昏鸦，小桥流水人家，古道西风瘦马。”九个词语分开看，一个词语一个意象。“枯藤老树昏鸦”组合在一起，笼罩着一种衰败、凄凉的景象，在这种氛围下出现的“小桥流水人家”不免孤寂、清冷。“古道西风瘦马”似乎在预示：尽管这里人烟稀少，但还是有生命存在。而就在这样的客观景象描写中，作者巧妙地托出漂泊天涯、和马同行的主人公形象。一般诗词总是先写景后写情。这位主人公情在何处？“夕阳西下，断肠人在天涯。”“断肠”两个字将主人公内心的伤感通过客观、外在的描述表达到极致。这首小令题目中抽象的“秋思”，全被内容的具象所化开，从词语感受、形象感受到逻辑感受，从具体感受到整体感受，都不是互相割裂的，而是被秋思的情感所统率、所蕴含的。

综上所述，在有声语言创作过程中，无论感性还是知性，对播音主持创作主体来说，都不应停留于思维认识阶段，而必须转化为内心感受，并通过有声语言和副语言表达出来。感性可以偏重于词语组合的形象感受，知性可以偏重于词语结构的逻辑感受。就分析而言，它们是具体的，都在寻求可感性；但就创作而言，它们统属内心感受和内心反应，是综合中的具体。在形象感受、逻辑感受这些具体感受的基础上，要将其综合为整体感受。张颂先生指出：“逻辑感受使我们把握住整体序列的不可移易，形象感受使我们把握住分段扩展的心驰神往。”他还指出：“形象感受与逻辑感受互相结合，把文本的序列、扩展、全貌、细节尽收眼底。”这里的“形象感受与逻辑感受互相结合”，既是具体感受的融合，又是整体感受的开始。只有具备了整体感受，才能深化感受，让各种具体感受有所归依。

三、理智、理性与理性思辨

在日常生活和工作中，我们称那种容易冲动、仅凭感情用事的现象为缺乏理智。而理智则表现为主体能辨别是非、利害关系，进而能控制自己的言语和行为的能力。这种能力从认知角度而言，就是与感性相对的理性。理性是指人们对人、事、物、理做出判断的思维运动。播音主持的创作过程，感性伴随知性，同时伴随理性。知性判断侧重于人、事、物、理的真实、可信、具体、细致；理性思辨则侧重于人、事、物、理的对立统一、内在联系。因此，理性思辨成为具体感受走向整体感受这一思维表达过程的重要一环和必经之路。

就播音主持创作主体而言，理性思辨在把握传播内容与内容之间、形式与形式之间的关系和定位，把握有声语言内部结构的关系和定位，整合有声语言逻辑感受与形象感受的关系和定位等方面尤为突出。相对于有声语言感性、知性的具体化、定向化，理性更显示出综合化特征。

王元化先生在谈到知性与理性的关系时指出：“知性不能认识到世界的总体，不懂得一切事物都在流动，都在不断地变化，不断地产生和消亡。”而辩证法却能够“克服知性分析方法所形成的片面性和抽象性，而使一些被知性拆散开来的简单规定经过综合，恢复其丰富性和具体性，从而达到多样性的统一”。王先生所说的辩证法的优点，也就是理性思辨的力量所在。

媒体每天的传播内容和形式，有预设，也有变化，无论是预设还是变化，都取决于社会的发展运动和受众的需求。然而，同是主体间的交流，传者和受者毕竟责任不同，媒体具有社会引领责任，这就促使任何媒体的播音主持创作主体必须树立政治意识、大局意识、责任意识。就具体节目来说，只要主题、结构框架和词语组织基本确定，有声语言表达的自足性也就有了保证。但是，这并不意味着传者可以不假思索地完成任务。理性思辨的意义在于让播音主持创作主体针对具体节目，联系与它相关的社会文化背景和历史现实状况，权衡利弊，结合传播语境以及受者文化层次与接受水平，给出相应的言语格调和语气分寸，并贯穿于节目的各个环节。如果我们把感性活动、知性判断定位在有声语言表达的微观层面，那么理性思辨就相对处于有声语言表达的宏观层面。就像戏剧表演理论中的“第三只眼”，理性思辨对播音主持同样起着一定的指导作用。

四、觉悟、自觉与悟性生发

一般意义上的觉悟，指的是人们由迷惑、糊涂到明白、理解的思想认识过程。播音主持创作主体能够实践感性、知性、理性这一播音主持创作水平的提升路径，也是对播音主持创作理论与实践的一种觉悟。但是，睁眼看稿不动脑、张嘴念稿不动心、节目主持无主见、话题组织无头绪等背离播音主持创作道路的现象也偶尔会在节目中出现。播音主持创作主体应学习播音主持创作理论，坚持正确的艺术创作道路，做到创作自觉。

自觉是一种自我意识。播音主持创作自觉是创作主体在政治意识、大局意识、受众意识及社会责任意识指导下，遵循创作规律、实践创作理念、坚持正确创作道路的一种觉悟，也是形成播音主持创作艺术魅力的主观条件。哪怕是一场球赛转播，播音主持创作主体的立场倾向和语言表达的分寸把握，都能将其创作自觉意识的强弱呈现得淋漓尽致。

悟性一般指人们对事物的分析理解能力。播音主持的创作悟性，是指创作主体驾驭播音主持作品时所具备的，在感性、知性、理性基础上形成的理解与表达能力。有声语言和副语言表达形态的构成，有内容因素，也有形式因素和技巧因素。播音主持的创作悟性要求创作主体既不脱离有声语言和副语言的表达形态进行构思创作，又能透过表达形态抓住表达的精神实质。这就不是语言本身所能解决的问题，它关系到和语言表达有关联的其他方面的取舍，是创作主体经验知识和表达语境直接碰撞后的语言呈现。语言呈现能够反映语言背后的社会文化，包括创作主体个人的文化积累。

生发有滋生发展之意。所谓悟性生发，强调的是创作主体悟性的开发拓展。悟性能力有天生的影响，又非天生决定一切，后天的学习能够营造促进悟性生发的环境。佛学中对“觉悟”有“渐悟”“顿悟”的说法。播音主持中的创作觉悟过程也有高低快慢之分，它不是单靠表达实践就能获得的，必须由创作主体在表达实践中有意识地学习、体会和积累。它是创作主体长期实践的灵感呈现。这里的实践包括文化学习实践、社会生活实践、节目采编制作实践、有声语言和副语言表达实践。有声语言和副语言创作悟性最终正是通过有声语言和副语言表达实践得以展现的。因此，对表达实践这一环节来说，可以将有声语言和副语言的悟性开发作为基础与核心。但这绝不等于可以忽略其他环节的努力，因为它们是相辅相成、同生共荣的关系。

第二节　形成播音主持创作的风格

古今中外，对风格的论述有不少。在文学创作中，风格指的是作家通过作品体现出来的综合性的特点。一个作家的个人风格，可以反映出一个流派、一个社会、一个时代、一个民族的风格，因为“作家的生活环境、思想、感情、个性”，以及“生活知识积累的广度和深度”对他“选择题材”和“运用文学语言的习惯和特色”都有莫大的影响，最终构成他有别于他人的特色。刘勰曾说：“才有庸俊，气有刚柔，学有浅深，习有雅郑，并情性所铄，陶染所凝，是以笔区云谲，文苑波诡者矣。”他在《文心雕龙·定势》中说：“章表奏议，则准的乎典雅；赋颂歌诗，则羽仪乎清丽；符檄书移，则楷式于明断；史论序注，则师范于核要……”曹丕在《典论·论文》中也说：“奏议宜雅，书论宜理，铭诔尚实，诗赋欲丽。”这些论述实际上都从主客观两方面解释了作家作品风格形成的缘由。

法国布封有一句名言：“风格即其人。”实际上强调了人的主观意识及其掌握的创作手段的重要性。他在《论风格》一文中这样说：“作品里面所包含的知识之多，事实之奇，乃至发现之新颖，都不能成为不朽的确实保证；如果包含这些知识、事实和发现的作品只谈论些琐屑对象，如果它们小得无风致，无天才，毫不高雅，那么，它们就会是湮没无闻的，因为知识、事实与发现都很容易脱离作品而转入别人手里，它们经更巧妙的手笔一写，甚至于会比原作还要出色些哩。这些东西都是身外物，风格却就是本人。”

可见，所谓“风格却就是本人”，指的不仅仅是作品的内容，也不仅仅是作品的形式，更重要的是作品的境界，“风致”“天才”“高雅”等就是境界的标志。这段话告诉我们：创作风格受到创作主体所处环境的地点、风土人情，个人学识修养和理想意志的影响，作品风格只是个人意识情感倾向通过一定的创作方法和手段体现出来的某种符号特征而已。

因此，个人风格的形成，既要养人，又要养文。这里的“文”，非仅仅指文章，而是泛指一切艺术。张颂先生曾说，风格是“成熟稳定的艺术特色”“独特的艺术个性”。本节我们就从播音主持作品的创作实践角度来谈论播音主持创作风格的形成。

一、反映新的世界

“艺术家对现实的反映一方面具有不可重复的独创性，另一方面这种独创性正是对客观真实的深刻揭示。”所谓“反映新的世界”，指的是创作主体敢于并善于从新的理念、新的角度、新的思路出发，揭示主客观世界真实状况的活动。

揭示自然界和人类社会始终处于动态变化中的主客观世界真实状况并非易事。以广播电视新闻为例，从后台的采编摄录人员到前台的播音员、主持人，他们的观察、辨析、判断能力，直接关系到所报道事实的选择是否得当，表达是否深刻。

如2012年国内外政治、经济、文化、军事形势风云变幻。国际上，中菲黄岩岛事件、中日钓鱼岛事件不断升级；在国内，国庆长假发生的高速公路拥堵、景点“井喷”现象层出不穷，这些事件带来了大量新闻、评论。播音主持创作主体看问题的视角决定了选择新闻、发表评论的不同立场、态度，进而影响有声语言和副语言的表达。无论对黄岩岛还是钓鱼岛的主权归属，我国政府一直态度鲜明，同时坚持“有理、有利、有节”的战略方针，坚持通过外交协商解决有争议事态，这就决定了播音主持创作主体播送这些新闻事件时的内在逻辑支撑力。如果对中菲、中日岛屿争端的历史事实没有足够了解，对菲、日国家的综合实力，对作为后台的美国的综合国力没有足够把握，作为中国政府和人民喉舌的播音主持创作主体，对有声语言和副语言表达的分寸火候就难以拿捏，通过传播所应体现的媒体权威性和风格感染力就难以充分展示。同样，对国庆长假发生的高速公路拥堵和景点“井喷”现象，如果播音主持创作主体的理念、立场、视角不同，向接受主体揭示的新闻“世界”也就可能大相径庭。

二、构建新的语汇

播音主持创作主体反映新的世界、联系接受主体的主要媒介是有声语言和副语言。有声语言和副语言离不开文本语言和内部语言。因此，任何一个以有声语言和副语言为主要手段对世界进行反映的播音主持创作主体，也不能忽视在正确选择词语、准确运用辞格、确定恰当句式等方面的基本功。

所谓构建新的语汇，指的就是创作主体运用恰切的词语达到揭示世界真实状况之目的的活动。

如面对日方罔顾史实，对钓鱼岛采取所谓“国有化”等非法行为，中国国务院新闻办公室的白皮书以中国“最早发现”“命名”钓鱼岛，派遣使臣“册封”，“长期管辖”钓鱼岛，“中外地图标绘”也一直将钓鱼岛“列入中国版图”等词语，将钓鱼岛是中国领土不可分割的一部分，中国对其拥有无可争辩的主权，概括于一系列史实之上。史实理据充分有力，表达了鲜明的立场观点。

又如在一些媒体指出 2012 年国庆长假期间景点“井喷”是管理制度缺失导致的，同时，北京一署名“秋风”的学者在景点“井喷”现象中看到的则是中产阶级的不文明行为，认为需“复礼”。复什么礼？“礼就是自发形成的人际交往的习惯性行为规则：熟人之间的交往规则、陌生人之间的交往规则；婚丧嫁娶之仪式，商业交易之习惯；公共场所的惯例，汽车上路的规则；写信的敬语、见面的礼节等。所有这些都是礼。”他列举广州一区武装部长与其妻乘飞机，因其座位上方的行李箱已满，空姐建议将行李放到前面，他们从不愿意、开始争执到发生身体接触，空姐手部淤青，脖子、身上有多处挠痕，衣服也被撕裂；一中国籍乘客乘坐瑞士一国际航班由苏黎世飞往北京，因向后调整座椅，与后排另一中国籍乘客产生纠纷、打斗，造成该航班被迫返航；四川航空一次由南宁飞往哈尔滨的航班经停武汉，一男士为拿行李，穿着鞋子踩到前排一乘客座椅上，双方为此发生争执并动手，后排旅客的几个朋友非但不劝阻，反而围攻前排乘客，航班安全员前来阻拦，也被殴打。这位学者将这三组乘客列为典型的中国中产阶级成员：政府官员、商人和城市白领。“无礼”“野蛮”“粗鄙”“不文明”等词语对应于“在公共场所大声说话”“随地吐痰、丢垃圾”“别人排队他插队”“行人过斑马线，他的汽车加速冲过”等现象。

由于播音主持创作主体所掌握的词汇量和所运用的修辞、句式不同，新的语汇构建所形成的不同语言结构，会直接影响播音主持创作主体的表达模式和风格。如以上白皮书需要向世人正式宣告而采用宣读式表达，在“中产阶级需要复礼”理念下围绕人们的身边事发表议论需要讲解式表达，就和文本的整体语汇构建有密切关系。不同的语汇会带给人们不同的心理感受。

我们再来比较同是电视片配音的下列三个语段：

语段一：这是位于宁波市江东区的镇安小学，现在是早上的8点10分，以往的这个时间学生们都应该安静地坐在教室里，认真听老师讲课。但是奇怪的是，在这里我们看到的是另一幅场景。校园里、操场上到处是在进行体育锻炼的小学生，还有不少学生刚刚告别自己的家长，从容有序地跨进校门，开始他们一天的学习生活。

语段二：这场改革是对普通高中办学中长期实行的僵化课程体系和整齐划一育人模式的颠覆性变革。因为改革富有力度和锐度，而且率先在一个有着五千多万人口的省域范围内全面推行，方案的提出和实施无时无刻不承受着来自多方面的拷问。这是一个充分沟通求证、集思广益的过程，一个不断消除疑虑、深化认识的过程，也是一个逐步统一思想、形成合力的过程。“选择”，是这一改革的主旋律。深化普通高中课程改革的核心就是落实选择权：落实学生对课程学习的选择权；落实教师对课程开发的选择权；落实学校对课程设置的选择权。三个选择权中，最为根本的是学生对课程学习的选择权。

语段三：德国柏林当地时间11月7日上午，由浙江大学和柏林工业大学、自由大学、洪堡大学共同主办，12所德国高校参与的2012年“德国浙江大学周”活动，在柏林工业大学举行了开幕仪式。浙江大学校长杨卫、柏林工业大学校长约尔格·施泰因巴赫、中国驻德国大使馆公使李念平等在开幕式上致辞。

第一、三个语段为电视新闻片导语，第二个语段为电视专题片解说词。第一个语段谈话式表达的语气贴近日常生活，听起来更亲切、更轻松。第三个语段在告知大学周开幕仪式的举办地点、时间和主办方的同时，流露出一种对这种友好合作的赞许色彩，播报式表达的语气更开放、更自然。而相比之下，第二个语段的解说词，有关教学改革的术语和描述语，如“僵化课程体系”“整齐划一育人模式”“颠覆性变革”“沟通求证、集思广益”“消除疑虑、深化认识”“统一思想、形成合力”，以及递进排比句式所形成的文本整体，使得评论色彩更浓，播报加宣读式表达更能显示冲出重围、锐意进取的改革气势。

对播音主持创作主体来说，以文字呈现的语汇构建结构和使内部语言外显的语汇构建结构，由于都未脱离语言基本结构体系，也就都可纳入文本整体看待，区别只是一个有形（有文本依据）、一个无形（仅有内心依据）而已。播音主持创作主体通过对现实世界的观察、辨析、判断，形成内部语言，再外化为有声语言和副语言，和播音主持创作主体通过对文字语言的观察、辨析、判断，再将其转化为有声语言和副语言，创作路径及传播目的可谓殊途同归。对用“新的语汇”构建来反映“新的世界”的理解，不必以前无古人、开天辟地为标准，而宜从观察世界的新思维、新角度，表达词语的新意图、新境界出发。停连、重音、语气的不同处理，语节的疏密、声音的起伏、低头的时机、眼神的流转，这些看来仅仅属于有声语言和副语言表达技巧的东西，却无不连接着内容主题、词语结构，直接影响播音主持创作风格。

三、创造新的语境

一定的语汇形成一定的语体，一定的语体既依赖于一定的语汇，又规范、统率着一定的语汇。语体是创造语境的前提，语境通过一定的语体得以实现。比如，“我抬起头看见月亮，低下头思念起故乡”，作为日常谈话语体，易于人与人之间的直接交流，可以形成亲切的谈话语境；而“举头望明月，低头思故乡”，则诗中有画，画中有人，加上诗具有的平仄格式和押韵规则，吟诵起来就极易产生丰富的联想与美感，形成诗的意境。其他如新闻报道、观点评论、配音解说、节目主持等都会受相应的节目形式和语言表达规范的制约。

所谓“创造新的语境”，指的是创作主体为反映新的世界，通过构建新的语汇而在语言环境的谋划设计上有所作为。

受创作主体所处环境、受教育水平、社会经历与身份、表达功力的影响，加上各国家、各地区、各传播媒体的要求不同，不同创作主体用以反映新的世界的新的语汇可谓色彩纷呈、各有特色。当创作主体对语体有一定的认识，注意到各类语体间的不同特点，懂得新的语汇对形成一定语体乃至构成一定语境有重要影响时，他将更好地用有声语言和副语言创造新的语境。

前面我们讲到以国务院新闻办公室名义向国内外受众发布的白皮书，以深厚的史实来支撑中方拥有钓鱼岛主权的深刻社会历史语境；讲到因为国庆长假高速公路实行免费通行、景区实行优惠价格而发生拥堵和“井喷”现象，“秋风”却从一个侧面发现新中产阶级缺失礼数、亟须以“复礼”教化而表现出的现实说理语境；还讲到反映因地、因校制宜，用弹性上学方式促进孩子健康快乐成长的小学教学改革语境；以学生自主选择学习课程为主线的高中教学改革语境；

以中外大学合作显示友好交流的语境等。这些不同的语境氛围，虽然以不同的媒介传播，却都以政论、报道等语体和电视专题片配音等语体融合的形式，通过播音主持创作主体有声语言和副语言的创作得以呈现。

以上谈到的语境，主要是将文本形式构成的语体作为它们的基础。而实践中，这一基础也包括无文本形式的语体，这种情况我们又该怎么看待呢？无文本形式的语体，看上去创作主体手头空空如也，但不可否认的是，只要创作主体张口说话，他说话的思路还是脱离不了所使用的语言基本组织结构。这以广播电视直播节目中出现的即兴评述最为典型。即兴评述创造的语境，往往跟评论类政论语体的表达特点紧密联系在一起。在确定主题、论点之后，论据是否真实可靠、论证方法是否恰当有力等，就成了创作主体在这种语境中必须关注的要点。无文本形式的语体，实际上仍然被文本的内在结构支配着。正如张颂先生曾要求的“有稿播音锦上添花，无稿播音出口成章”。

如央视特约评论员对社会热点问题展开的评论，就跟评论员对政论语体特点的认识和对表达方式的娴熟掌握有关：在《国家中长期教育改革与发展规划纲要（2010—2020 年）》面向社会第二次征求意见时，特约评论员以《希望教育改革锐度十足》为题，先抓住“均衡发展”难度大的矛盾，分析了不能均衡发展的原因，指出教育资金的投入，不能简单地“裁高就低”，需要兼顾效率与公平；又抓住“未来十年”教育发展的理念，指出了解决农民工子女教育问题的重要性和紧迫性。

在解读 2011 年中央一号文件关于国家水利建设的薄弱问题时，特约评论员根据国家总体上缺水，而水的分布时空不均匀的情况，抓住“明显短板”和“最大硬伤”这两个关键词，以缺人、缺资金、缺管理为突破口，谈出自己对中国水利发展的看法与建议。

特约评论员注意用事实做论据，让想象空间虚中有实，既看到存在的问题，又提出解决问题的措施，这样就能使接受主体将信心建立在实事求是的基础上。创作主体在和接受主体的交流中，通过自己的分析论证而让接受主体或产生共鸣，或得到启示。这就构成了即兴评述的独特语境。

四、寻求新的表达

张颂先生曾经说，播音主持“风格的占有者，必须是独创者，不接受现成公式，不追赶时髦，却钟爱独特体验、独特感受、独特表达样态”。梅益先生也曾要求，“播音员不能老是一种腔调，必须根据不同的题材采取不同的播法”。

强调“独特体验、独特感受、独特表达样态”和要求“不能老是一种腔调，必须根据不同的题材采取不同的播法”，都意在寻求表达风格的创新和独有。如何认识播音主持风格的创新和独有？我们先来看一个欧洲音乐史上至今仍值得称道的实例：

亨德尔，这位与巴赫同龄、1685年在德国哈雷出生、欧洲巴洛克时期的意大利歌剧作曲家，早期献身歌剧艺术，创作了近50部意大利正歌剧。1726年他获得英国国籍。1728年他的《乞丐歌剧》上演成功，连续演出62场。但此后人们开始不买亨德尔的账，歌剧院倒闭，亨德尔的收入受到严重影响，这促使他开始反思自己的创作风格。后来，亨德尔潜心创作清唱剧，终于通过23部清唱剧重获成功。亨德尔重新获得成功的最直接的原因是拉近了与英国受众的距离。具体表现在创作中，他以英国中产阶级思想与行为模式为对象，题材上采用英国人熟悉的《圣经》内容，甚至直接引用《圣经》中的段落和词句，形式上则突破以往清唱剧中所用的意大利语演唱模式，大胆采用英语演唱模式，消除了演唱者与受众间的语言障碍，因此受到大家的欢迎。

这一实例从音乐创作发展的角度，说明风格的流行，并非播音主持创作主体个人意愿所能左右的。重视社会环境、满足受众需求，是任何艺术作品被受众接受与认可的一个前提。

以有声语言和副语言为表现手段的播音主持，它的创作风格当然也要以受众愿意接受和认可为原则。实际上，在考量节目成功与否、播音主持创作主体的有声语言和副语言的表达有效与否的时候，受众的接受和认可程度也是一个重要指标。

纵观中国共产党领导下的广播电视发展史，特别是自改革开放以来，广播电视迅速发展，出现了大量广播电视主持人节目和节目主持人，为有声语言和副语言的传播开辟了新的研究园地。但就表达风格研究而言，目前对于有稿播音的评论，大多从内部技巧如情景再现、内在语、对象感的把握，和外部技巧如停连、重音、语气、节奏等方面分析；而评论节目主持，更多是从策划创意，运用不同词语、辞格来叙事、讲解、提问、评论等方面分析。但无论是有稿播音还是无稿播音，从有声语言和副语言表达这一研究角度看，一个不容忽视的问题是，都存在“你中有我，我中有你”的交融特性。比如，有稿播音同样得关注不同的策划创意，不同的词语、辞格，关注叙事、讲解、提问、评论的不同样式、体式及表达手法，而无稿播音若不注意内外部技巧的综合运用，有声语言和副语言的感染力就会被削弱。换句话说，反映新的世界、构建新的语汇、创造新的语境，都必须落实于寻求新的表达上来，需重视播音主持内外部技巧的综合运用，这样才有可能展示出有声语言和副语言传播艺术的风格特征。

毛泽东写的《七律·长征》，多少艺术家朗诵过它，而齐越、夏青的朗诵尤为独特。那抑扬顿挫的语势变化中，既饱含个人文化知识、社会经验的积淀，又饱含创作方法、表达手段，包括对诗词韵律知识的掌握。齐越将在战争年代的亲身经历作为联想对象，通过朗诵式表达，让人情不自禁地被红军的革命乐观主义精神所感染；夏青古文功底深厚，通过宣读式表达，历史的厚重感油然而生。如此具有创作主体独特体验、独特感受，以及独特表达样态的有声语言典范之作，不仅在它们播出的时代深受大众的欢迎，至今听来也令人敬佩和感动，这样的有声语言表达创作值得每一位从业人员学习和继承。

有声语言呈现的境界是否高雅、是否通俗，与播音主持表达是否得体、是否准确息息相关。这里的高雅、通俗、得体、准确，不只是在形式上正确运用节目语体，追求遣词造句的到位，更要求创作主体根据不同时期、不同媒体和不同受众的需求，正确运用内外部技巧，将新理念、新情感通过一定的语气、节奏、眼神和表情变化，注入有声语言创作之中。只有如此，才不至于说起自己的事情、用自己的语言时活灵活现、头头是道，讲述别人的事情、转述别人的语言时便无动于衷、平淡苍白；只有如此，创作主体的个人性格特征和节目的语体特征才可能有机结合，有声语言才不至于出现“千人一面、万人一体”的“播音腔”“主持调”等同质化现象；也只有如此，随着播音主持语体样式的不断丰富，才可能产生紧跟时代发展的语体兼容现象。

以上从创作实践和风格形成的角度出发，说明反映新的世界是所有传媒人尤其是播音主持创作主体的责任所在，构建新的语汇是播音主持创作主体孜孜以求、苦心经营的重点，创造新的语境是播音主持创作主体努力追求的目标，寻求新的表达则是播音主持创作主体每一次在镜头前、话筒前付诸实施的艺术特色之所在。

第三节　增强播音主持的感染力

作为广播电视节目的播音员、主持人，怎样才能表现出感染力呢？深入实际生活是增强感染力、把握好播音主持基调的关键；不断提升自身素质是增强播音主持感染力的内在动因；用真情实感打动受众是增强播音主持感染力的前提条件；强化有声语言的功力是增强播音主持感染力的重点所在。

一、深入实际生活

深入实际生活是增强感染力、把握好播音主持基调的关键。社会生活丰富多彩，电视媒体技术日趋先进。如何更好地发挥自身的优势，在把握基调、突出主旋律的前提下完成多种风格的电视播音，已成为摆在电视播音员、主持人面前的重要课题。例如，岫岩县曾发生一起蒙面入室抢劫案，农家女刘英十分勇敢、机智地同罪犯搏斗，最后将入室抢劫嫌疑人三人中的一人制服，其他两名嫌疑人也在第二天被公安干警抓捕归案。播报这一消息的播音员曾亲自跟随公安机关深入到偏岭镇嫌疑人隐藏地点，拍摄并报道了公安机关抓捕逃犯的真实过程，同时又深入到该镇卫生院采访了刘英的丈夫。当现场报道“农家女智擒歹徒”播出后，在社会上引起强烈的反响。观众在称赞勇敢、果断的农家女刘英的同时，也对播音员真实的现场报道、准确的富于感情色彩的播音给予了肯定。

深入现实生活中去观察、体验，不仅仅是记者的事，对于播音员来说同样重要，只有深入火热的现场，播音时才能更准确地找到稿件所提供的那种基调和感情，才能鲜明、生动地通过声音再现场面和人物，播音主持的技巧才能有所依附。当然，这里并不是说每篇稿件都要深入现场，否则就播不好音。客观地说，没有这个必要。但有一点是肯定的，深入地观察和体验生活，对于电视播音员塑造贴近生活的播音形象是大有益处的。

二、不断提升自身素质

不断提升自身素质是增强播音主持感染力的内在动因。播音的过程是个再创造的过程，这个再创造主要是指播音员、主持人对稿件内容透彻理解之后，在头脑中展开丰富的想象，然后通过有声语言，把稿件内容准确、鲜明、生动地表达出来。而要做到这点，就必须下苦功学文化，钻研业务，使自己具有广博的科学文化知识和熟练的业务技巧。

作为播音员、主持人，要想使自己具有感染力被受众喜爱，就必须努力提升自身的修养，不断提高自己的综合素质。因为，理论修养关系到播音员对稿件内容理解的深或浅，心理修养则与播音员在话筒前或镜头前的状态、情绪把握密切相关。然而，这些都不是孤立存在的，需要播音员、主持人具有一定的综合能力将其综合起来，然后融汇到播音中去。这就要求播音员必须具有广博的知识和良好的综合素质，能够迅速、敏捷地抓住稿件的主题思想，并准确鲜明地将其表达出来；在语言处理上，能做到浓淡相宜，甚至一点微小的细节和变化，也能让观众感受到。这样才能使播音员真正塑造出群众喜爱的播音形象来。

三、用真情实感打动受众

用真情实感打动受众是增强播音主持感染力的前提条件。演说家李燕杰说:“在演说和一切艺术活动中，唯有真情，才能使人怒；唯有真情，才能使人怜；唯有真情，才能使人信服。”作为一名主持人，要想使自己的表达具有感染力，必须要有真情实感。只有用真挚的情感、竭诚的态度才能击响人们的“心铃”，刺激之，振奋之，感化之，慰藉之，激励之。

广播电视节目主持人出现后，广播电视播音的内涵也随之增多，同时他们也赋予了广播电视人格化的鲜活的生命力，改变了广播电视与受众之间的关系，也为广播电视面向生活，贴近受众提供了有利的契机。那么面对众多受众的需求，广播电视播音员该如何正确把握“情感投入”使之播音（主持）的节目更深入人心，并塑造出独具特色的播音形象呢？心理学研究指出：“情感是同人的高级的社会性需要相联系的。高级情感具有鲜明的社会性，并表明作为社会实体的人对生活各方面的各种现象的态度。”这就说明主持人要想赢得观众的心，必须善于向观众敞开自己的胸怀，并流露真情实感。广播和电视播音员、主持人所投入的感情色彩，就是道德感、美感、理智感的完美统一。

四、强化有声语言的功力

强化有声语言的功力是提高播音主持感染力的重点所在。为什么一些播音员、主持人不但脸蛋漂亮，而且经纶满腹，却依然不能吸引受众？这主要是因为播音员、主持人有声语言的功力不够。展示不出应有的独特的气质和个性，没有给受众耳目一新之感，更谈不上具有吸引受众的魅力了。

众所周知，广播节目和电视节目的播音员、主持人进行的信息传播是离不开有声语言的运用的。这里说的语言不是日常的生活语言，而是工作语言。它具有规范性、庄重性、鼓动性、时代感、分寸感、亲切感。作为播音员、主持人首先要普通话标准，发音吐字正确流畅，避免在工作中出现方言土语。播音员、主持人，尤其要重视语言的“规范性”。我国的汉语言博大精深，可以说不同的字、不同的字词搭配有不同的音域及调值，反映出的意义也大不相同。再有，播音员、主持人肩负着推广普通话的重要责任。语言的统一规范，对于国家的稳定和发展极为重要。

当然，强调规范性并不否定个性存在。由于发声条件不同，每个人的声音都有自己的特色与个性。播音员、主持人只能在正确发声的基础上发挥所长，体现自己的精神风貌和与众不同的艺术素养，充分显示出自己的个性。同时要克服追求某种自以为美的声音，特别不能模仿广播电视中某个自己崇拜的播音员的声音。刻意模仿某个人的声音，常常是发声方法不良的根源，它不仅束缚了播音创造力的发挥，严重的甚至能导致发声困难或喉部病变。

总之，播音员、主持人要想满足听众的需求，不露痕迹和潜移默化地吸引听众，让听众在不知不觉中敞开心扉，兴趣盎然，如痴如醉地沉进其中，享受广播电视节目所带来的快乐，就必须不断地加强学习，刻苦钻研，增加阅历，厚积薄发，提高文化素质及修养。只有如此才能自如地表达出或明朗，或含蓄，或严肃，或活泼，或豪放，或柔婉的声音，进而真正做到把思想和感情巧妙地融入其中，让审美情趣负载着艺术之美，让语气负载着思想之魂，最终使广播电视节目深入每个受众的心田，具有感染力、渗透力、影响力。

第四节　保持播音主持的艺术个性

个性，标志着艺术境界里一种特有的风格、独具的魅力，是播音员、主持人与他人的不同之处。一位个性鲜明的主持人更能赢得听众。因此，形成广大听众喜爱的鲜明个性，应该成为每个播音员、主持人追求的目标。

我们认为，对广播播音主持个性的追求不应背离广播播音主持的共性，个性与共性是共存的、互补的，对个性的追求应建立在对共性的把握之上，广播播音主持应把个性与共性处理得和谐统一。那么，广播播音主持有哪些需要把握的共性呢？主要有以下几个方面。

一、总的基调要积极向上

广播是一种大众传媒，它在丰富人民群众文化生活的同时，也起着重要的舆论导向作用，所有广播人的共同劳动成果最终要靠播音员、主持人带给受众，播音员、主持人是广播节目的“终审者”“把关人”，所以，播音员、主持人的态度、语气从某种意义上说决定了节目的价值取向。

稿件的总基调不外乎有正面的、侧面的、反面的几种，然而，不论是正面讴歌还是侧面引导与反面鞭挞，其最终要达到的目的只能是积极向上的，这本身也符合事物发展的普遍规律。所以，在表达作品时，心态首先应该是积极的、向上的。播音员、主持人在运用语言时必须规范、生动、朴实；既不要追逐时髦词语，又不可咬文嚼字，堆砌辞藻；语调应亲切、自然、流畅。既要尊重听众、虔诚有礼，又不能逢迎媚俗，刻意取悦听众。

播音员、主持人在实际工作中往往在播音发声、表达技巧上下的功夫多一些，但外在的表现体现的是内在的美。要想创作出优秀的作品，思想和行动应该是完全统一的，只有首先是一个高尚的人，才能有高尚的作品。所以，要想成为有个性的播音、主持人，应在提高业务能力的同时，提升自身修养，提高个人的内在素质。

二、充分调动听众的想象力

广播艺术是听觉艺术和想象艺术的统一。只有充分调动听众的想象力，把听众引领进想象的空间，才能使听众的思绪融入节目。

视觉形象最终都停留在画面实物之上，有一个准确的直观性，观众可以一览无余，这时艺术形象的清晰度和准确性已经十分明了，形象已不靠想象去塑造了。而听觉则不然，正因为没有客观的再现，所以形象在人们脑海中留下了可以自由描绘的空间，而广播的特性也决定了广播的形象必须是虚拟的。因此，广播的形象更多的是以虚代实或实虚相交，当审美主体在感知这些形象时，不是见物认物，而是按照自身的情感、愿望、理想通过想象集中到一个焦点上，从而塑造出内心的典型形象。可以说，正是想象的虚拟性，才使得审美主体踏进一个崭新的艺术幻境，为万物写照，替人物传神。这种调动和引领听众想象力的功力是需要长期磨炼的。

三、对不同文体做不同处理

不同的播音主持作品对于有声语言的声音色彩有不同的要求。要表现好不同的文体，就必须依赖多样的语音表现来展现其形象性。

播音主持作品的文体类型大致可分为叙述型、议论型、抒情型三种。

叙述型的作品内容主要是对具体事例的描述，要求播音员、主持人能做到绘声绘色，讲得逼真传神，因此，要求语言自然、节奏平实，语音的情感造型与叙述内容的情感基调保持一致。在处理作品时应尽量模仿人物的真实声音。不同年龄的人物其语音表现特征是不同的，不同性格的或不同心情的人物的语音表现特征也是不同的。这些都应用不同的声音来表现。叙述文体中的情景表现有多种色调，如温馨型、喧闹型、冷清型等。播音员、主持人需要将声音的情感造型塑造得与情景的色调相一致。作品中的许多成分往往是为了表现人物的动作过程，有很多具体而形象的描写。表现动作过程需要注意音色的张弛与动作的张弛相一致，吐字发音的弹性应带有动作过程中力量的变化。声音的绘声绘色是通过对具体词的细微把握展现出来的。做到这一点，场景的动作感就强了，给听众带来的听觉感受就强了，听觉形象感就在听众的脑海中建立起来了。

议论型的作品内容主要是说明和论证某个问题、观点，要求播音员、主持人必须有明确的态度，论说的情绪要饱满有力，但也要把握好分寸，既要切忌情绪的抒发太直太露，缺乏理性成了叫嚣；又要避免论说过于严肃，缺乏真情成了说教。议论分析，其态度是庄重的，语气是坚定的，表现为句首起势较高，逐渐下行，收尾沉稳、干净利索。另外，一个论述型的语句往往表达一种论证态度，因此语义是唯一的，重音也就只有一个，必须准确判断该句的重音所在；议论型的语句所表现的态度或肯定，或否定，或称赞，或贬斥，这些态度的传达主要靠该句的重音来表现，所以重音所表现的情感态度，播音员、主持人必须明确。另外，在渗透语气色彩的同时还要加重该词的分量，并延长音程。作品中的论说型语言很多都是哲理性的话语，这些话语在作品中起着画龙点睛的作用，它的耐人寻味可以极大地调动听众的情绪。表现这类话语应该用朗诵诗歌时的情感状态，要放开情绪来展现它，只有诗化的表现方式才可以使其感染人。论说性的语言有着极为严谨的逻辑关系，播音员、主持人要十分清楚作品语言内在的逻辑感受。重视逻辑感受的提取和表现，能够使语言形成极强的逻辑冲击力，使听众信服。

抒情型的文体则要求语言紧随文章情感，充分展示情感律变，句句情感充沛，字字融情含意，节奏变化多样。播讲过程中的意境情感基调所处的整体场景由单个物象词语即意象组合构成。因此，营造意境，就必须着力表现意象，由多个意象组合构成的意象群来整体表现意境，这就需要注意意境整体与意象局部的和谐统一。处理作品前要完全熟悉作品内容，这样创作时才能够迅速进入状态，并可以时时调控自己的情绪，与内容同步前行。高兴也好，悲伤也好，都能迅速调整到位，自然、本真地传达情绪，让自己的情绪去感染听众。不管什么文体的作品，要想充分表现作品有声语言的形象感，就一定要充分感受作品中的语言要素所蕴含的形象感，比如词语的形象感、逻辑层次的形象感等，抓住了这些，多加练习，就可以很好地创造出作品中的音声形象，达到作品的完美展现。很多情况下，在同一篇作品里融汇了上述多种文体语言，这就要求播音员、主持人对其做认真分析，对应运用恰当的语言风格，充分表现作品语言的形象美。

第五节　提升播音主持的即兴话语质量

播音主持的话语表达分为有稿和无稿两大类型。

有稿，就是已经完成语言的编码，有了写好的文稿，依照稿件播音或者说话。不论是低头看手中的稿件，还是抬头看提词器，或者是背诵下来，都大大省略了大脑编码过程，减少了头脑中组织语句的劳动。这样的话语有的虽然语言句式复杂，论说的逻辑关系多变，表达的内容层次丰富，却也往往能够表达得严谨、流畅、周到、连贯。即使播音员偶然发生个别的结巴，也不影响整体内容规范的格局。当然，优秀的播音和背诵表达，也还要在头脑中还原“组织”语句的过程，使话语显得生动，但这一过程依附于已经完成的文稿，编码的劳动强度显然不大。

无稿，就是指在说话的时候要即兴编码，边想边说。播音主持的即兴话语有即兴的现场描述，有即兴的意见表达，有即兴的评说感言。无稿的即兴话语有两种，一种是已经有了话语的框架大纲，大体结构已经既定，到需要的时候即兴表达语句即可；另一种是眼睛刚刚看到，脑子里刚刚想到，稍加思索就开口说，甚至是边说边想，想着的同时就在说着，并且造句的同时还要兼顾段落的结构。这两种无稿的情况虽然有所区别，但大同小异，都是头脑中正进行着编码思维过程，基本动作是即兴进行口头造句。

即兴口头造句是一名优秀主持人的基本功，在记者型主持人的现场报道中，在谈话节目主持人的对话中，在晚会节目主持人的叙述中，在各种栏目的采访中，都有大量的即兴话语要说。有时演播室的新闻主播在播讲新闻稿的过程中可能要与现场的记者或者领导干部、当事人直接对话，这时也需要有少量的即兴话语。

一、即兴话语要抑扬顿挫也要流畅连贯

即兴话语要在有抑扬顿挫的基础上流畅连贯，少发生结巴，不发生病句。不过，这与有稿播讲相比，还真不是那么容易的事情。

即兴话语表达能否成功，在于说话人自己是不是有熟练的造句能力。一般

来说，熟悉的事物，也就是常想常说的事物，那些相关的词汇和句式都不陌生，造句就容易，话就能够说好。再次说起曾经想过说过多次的话，即使是重新整合词语片段，也不是件困难的事情。相反，如果说的是生疏的事物、不甚了解的事物规律和临时要表述的长句，那就有可能说得磕磕绊绊不成句，甚至是病句、错句。

播音员、主持人要想提升即兴话语的质量，从根本上来说，就是要熟悉方方面面的社会生活，做个社会知识广博的“杂家”，不但知晓那些事，还应知晓那些名词动词，那些常说到的句式。平时观察阅读的视野要宽阔，善于积累各方面的常识，特别是要有意留心自己话筒前镜头前常常要讲到的那些领域的事物。要争取话说到哪里，都有相应的知晓，报道涉及哪里，都有相应的话语储备。不熟悉的事物，无论如何是讲不好的，更不用说即兴表达了。

在很多电视台，新闻主播也是多面手，也常常出现在报道现场和晚会主持台上，他们长期大量地播讲新闻稿，也许能够知晓社会多层面的多种多样的事物。但是，在某些时候，新闻的语速太快，所播报的事物没有在头脑中留下太深的痕迹就过去了，其实他们还是不太熟悉那些事物和相关词语。此外，新闻播音使用的语言由于有太强的书面用语特点，有时还是不能较好地移植到即兴口头话语中。因此，他们还面临着即兴话语造句再学习的任务。

二、即兴话语要使受众易懂

即兴话语要让人们容易当面听懂，这是播音主持获得成功的另一方面。

即兴话语用词要考虑与听众观众的共同语境，使用人们熟悉、不会产生歧义的语汇。如果报道说某国总统“易人”就会令人费解，在口语中这个动词改成“换人”就自然多了。这和一般广播电视语言的要求一致，但在即兴话语中应该更为注意。

在说明一个事物的时候，常常使用的一个手法就是比喻。比喻，就是用熟悉的比喻不熟悉的，用容易理解的比喻费解的，用简单的比喻复杂的。比喻得恰当，能让人有强烈的形象感，有一种顿悟式的理解。曾经的“早晨八九点钟的太阳”的比喻鼓舞了一代又一代的年轻人，“远远看上去，山梁像一个巨人躺在那里”立刻使人随着听觉的呼唤产生联想或者新的视觉领悟。

即兴话语要求讲话人对于看到的情况有数量方面的介绍，当然这只能是大致的估量，不可能很精确，但这种估量很有意义，当然也不能相差甚远，胡说乱估。比如现场大约有多少个人，有多少棵树，有多少辆车，旗帜有多高，路面有多宽……这与一个人的生活经验有关。有一定阅历的人，现场判断得准确，话就说得自信流畅。反之，思维的迟滞有可能引起话语的不利索，如果估量有误，那就更加“伤害”了即兴话语。与估量相伴随的是换算，即兴话语中的换算有加速理解的功效。比如“两个篮球场那么大的地方”“大约两人高的位置”“等了差不多有一节课的时间”，这更有助于听众的理解。

即兴话语要讲好个人当时当场的感觉。人在现场，要伴随着眼耳鼻舌身的直接感觉，恰当、生动、准确地讲好自己的感受。这当中也包括当时涌上心头的感情或感动，或震惊，或激动，或惊讶，或喜悦，或悲伤……感觉大悲大喜才需要使用情感词汇。使用情感词汇要贴切，要避免矫揉造作。有时还有更直接的身体感官体验，或感觉呼吸顺畅，或感觉一片清凉，或感觉气喘吁吁，或感觉手脚麻木。

即兴话语的表达常常要有手势和动作相伴随，手势动作将会为即兴话语增添色彩。伸手触摸，转动身体，抬头观望，手臂高举，指向远方……这些即兴的动作与即兴话语配合，使语音产生了活力，这种活力使广播的听众根据自己的经验产生置身于现场的联想。积累一部分常用的形体动作并且使用好这些形体动作，是从另一方向提升即兴话语质量的途径。

三、使用好即兴话语离不开逻辑能力

使用好即兴话语，要有相应的逻辑能力。快速的即兴口语没有琢磨推敲的过程，脱口而出，侃侃而谈，以讲话人的基础逻辑能力修养为起点。

事物之间有多样的关系，在语言表达时，有并列，有对比，有交叉，有递进，有转折，有让步，有因果，有承接，有正反，有矛盾……这些关系还有可能演变成多重的关系，尽管口语中的层级不会太多，但是关系层次还是经常要说到两层以上。这些语句间的各种关系通过相应的关联词来呈现，因此准确使用这些关联词尤为重要。在口语中，这些关联词有的需要说出来，有的不必说出来，但说话人心里要明白，如此话才能说得明白准确。

逻辑推理有演绎推理和归纳推理两个方向，即从一般到个别和从个别到一般。这些推理方式在人类文化中已经历经了几千年，这样的逻辑能力播音员、主持人并不是没有，日常思考都在使用，而要在即兴表达中充分运用、控纵自如，就有一定的难度。然而，不能因为其难就放弃了，整个社会的观众听众的文化修养、理解能力、评判能力都在提高，所以也就推动着即兴话语的水平不停地向高水平发展，不能在这方面不断前进，就是在停滞倒退。

尝试着多写，在一次次的修改中体会各种逻辑关系和逻辑推理的表达，是提高逻辑能力的重要途径，炼词炼句达到一定数量后，逻辑能力就会惊人地转化到即兴话语上来。当前，我们看到的优秀的突发事件报道、即兴评论、即兴谈话，成功的现场主持、现场解说、现场掌控，无一不是在这方面较为强劲。

参考文献

[1] 张晓玲 . 播音与主持语言创作教程 [M]. 重庆：重庆大学出版社，2013.

[2] 中国传媒大学播音主持艺术学院 . 播音主持创作基础 [M]. 北京：中国传媒大学出版社，2015.

[3] 施玲 . 播音主持创作基础理论与实训教程 [M]. 杭州：浙江大学出版社，2019.

[4] 金重建 . 播音主持艺术导论 [M]. 北京：中国传媒大学出版社，2016.

[5] 毕一鸣 . 播音与主持艺术论纲 [M]. 北京：中国广播电视出版社，2011.

[6] 鲁景超，马谛 . 播音主持艺术 [M]. 北京：中国传媒大学出版社，2019.

[7] 赵俐 . 播音主持语言表达的个性化思考 [M]. 北京：中国广播影视出版社，2014.

[8] 孙国栋 . 播音主持实用训练教程 [M]. 北京：中国传媒大学出版社，2016.

[9] 李新宇 . 播音创作基础训练教程 [M]. 2 版 . 北京：中国传媒大学出版社，2016.

[10] 梁亚宁 . 融媒体时代播音与主持艺术发展策略 [M]. 长春：吉林大学出版社，2018.